U0680787

职业教育创新教学发展研究

曹　雪　王六一　常凌燕　著

中国原子能出版社

图书在版编目（CIP）数据

职业教育创新教学发展研究 / 曹雪，王六一，常凌
燕著. --北京：中国原子能出版社，2023.11
ISBN 978-7-5221-3182-5

Ⅰ．①职… Ⅱ．①曹…②王…③常… Ⅲ．①职业教
育–教学研究 Ⅳ．①G712.0

中国国家版本馆 CIP 数据核字（2023）第 253589 号

职业教育创新教学发展研究

出版发行	中国原子能出版社（北京市海淀区阜成路 43 号　100048）
责任编辑	杨　青
责任校对	冯莲凤
责任印制	赵　明
印　　刷	北京天恒嘉业印刷有限公司
经　　销	全国新华书店
开　　本	787 mm×1092 mm　1/16
印　　张	16
字　　数	270 千字
版　　次	2023 年 11 月第 1 版　2023 年 11 月第 1 次印刷
书　　号	ISBN 978-7-5221-3182-5　　定　价　76.00 元

发行电话：010-68452845　　　　　　　　　版权所有　侵权必究

前　　言

在当今飞速发展的社会环境中，职业教育作为培养高素质人才的关键环节，扮演着举足轻重的角色。随着全球经济的不断变革和科技的飞速发展，职业教育也迎来了更为复杂和多变的挑战。本书旨在深入研究职业教育领域的教学创新与发展，以探索更有效的培养机制、教育理念和教学方法。

随着经济的全球化和产业结构的不断调整，职业教育的角色愈加凸显。传统的就业观念逐渐演变为对多元技能和创新思维的需求。这一变革要求职业教育必须紧跟时代步伐，通过不断创新教学方法、培养学生综合素养，使其更好地适应现代社会和职业发展的需求。

本书力图围绕职业教育领域的创新教学与发展进行深入研究，为教育者、学者和决策者提供理论支持和实践指导。通过对职业教育中教学创新的梳理，旨在突显创新教育的重要性，激发对职业教育的新认知，并为实现更高质量的职业教育贡献智慧和方案。

通过深入研究与讨论，期待本书能够为职业教育领域的教学创新和发展提供启示，为推动职业教育体系的不断完善和提高职业教育水平贡献一份力量。希望本书能够成为职业教育工作者、研究者和决策者的重要参考。

目　　录

第一章　职业教育发展趋势

第一节　职业教育概述

一、职业教育的重要性

在当今快速发展的社会中，职业教育作为一种培养实用技能和满足产业需求的教育形式，变得愈加重要。与传统文理教育不同，职业教育注重培养学生在特定领域的实际技能和专业知识。本书将深入探讨职业教育的重要性，包括其对个体、社会和经济的影响。

（一）职业教育的定义

职业教育是一种旨在为学生提供特定职业领域所需技能和知识的教育形式。与传统的学术教育不同，职业教育更加注重培养学生在特定职业或行业中的实际工作技能和经验。这种类型的教育通常与特定行业的需求密切相关，目的是使学生能够更容易地进入和成功地参与工作市场。

职业教育可以包括多个层次，从高中或中等职业学校提供的职业培训到大学和技术学院提供的专业技能培训。它涵盖了各种不同的领域，包括医疗、工程、信息技术、制造业、服务业等。

职业教育的目标通常包括以下四个方面。

（1）培养实际技能：提供学生所选职业领域所需的具体技能，使其能够胜任实际工作中的任务。

（2）就业准备：帮助学生更好地理解所选择行业的工作环境，为进入职场做好准备。

（3）职业发展：提供学生在职业生涯中发展的机会，包括继续教育和专业发展。

（4）适应行业需求：根据特定行业的要求调整课程内容，以确保学生毕业后具备最新的行业知识和技能。

总体而言，职业教育致力于使学生在特定职业领域中取得成功，并且通常与实际工作经验和实践紧密结合。

（二）职业教育的重要性

职业教育的重要性体现在多个层面，它不仅对个体学生的职业发展和就业前景有深远的影响，还对整个社会的经济繁荣和可持续发展产生着积极的推动作用。以下是关于职业教育重要性的一些方面，以更详细地说明其影响力。

1. 满足行业需求

职业教育紧密关联着不同行业的需求。通过提供特定职业领域的培训和教育，职业教育机构确保学生能够掌握并适应快速发展的行业技术和需求。这有助于减少技能短缺，为企业提供更有素质、经验丰富的员工，推动各行业的创新。

2. 提高就业机会

职业教育致力于培养实际技能和知识，使学生更容易融入职场。毕业生通常能够更快地找到与所学专业相关的工作，因为他们已经具备了雇主所需的实际能力。这有助于降低失业率，提高社会中间阶层的就业机会。

3. 培养综合素质

职业教育不仅关注技术性的培训，还注重培养学生的综合素质。这包括沟通能力、团队合作和问题解决能力等软技能，这些素质对于在职场中成功发展同样至关重要。职业教育旨在培养既有专业知识又有综合素质的全面人才。

4. 支持经济发展

强有力的职业教育系统是促进国家和地区经济发展的重要因素。培养一支高素质的劳动力队伍有助于提高生产率、促进创新，并推动整个国家的经济繁荣。职业教育使得国家能够更好地适应不同行业和领域的需求，从而更有效地推动产业升级和创新。

5. 创造社会平等

职业教育提供了一个机会，使更多的人能够获得高质量的教育，而不仅局限于传统的学术路径。这有助于消除社会中的不平等，为那些对传统学术领域不感兴趣或无法接触的人提供了另一种成功的途径。通过职业教育，社会更容易实现对教育资源的公平分配，推动社会的全面进步。

6. 提高生活质量

职业教育为个体提供了更广泛的职业选择，使他们能够迅速进入工作市场并取得成功。这不仅提高了个体的谋生水平，还为他们提供了更多的职业发展机会。通过提供实际技能和专业知识，职业教育为个体提供了实现职业目标的路径，有助于他们建立更加稳定和可持续的职业生涯。

7. 适应技术变革

在科技飞速发展的时代，许多职业都面临着技术变革的挑战。职业教育可以迅速调整课程，确保学生获得最新的技术知识和工作技能，使他们能够适应不断变化的工作环境。这有助于减少技术失业，使劳动力拥有更好的适应性。

8. 强化社会稳定

一个受过良好职业教育的劳动力可以增加社会的稳定性。稳定的就业和高素质的劳动力有助于减少社会不安定因素，如失业率上升和经济不景气。这种社会稳定有助于创造更加繁荣和宜居的社会环境。

总体而言，职业教育在促进经济发展、提高就业机会和培养全面素质等方面发挥着关键作用。它不仅服务于个体学生，更是社会整体发展的重要支持系统。在未来，职业教育将继续扮演着关键的角色，以适应不断变化的社会和经济环境，为个体和整个社会创造更加可持续的未来。

（三）职业教育对个体的影响

职业教育对个体的影响是深远而多方面的。从提升个体就业竞争力到塑造职业发展路径，再到影响生活质量和社会参与，职业教育在塑造个体命运和贡献社会方面都发挥着关键作用。以下是对职业教育对个体影响的深入探讨。

1. 就业竞争力的提升

职业教育通过专业的培训和实际技能的训练，使个体更具备在特定职业领域中脱颖而出的能力。这不仅提高了个体在就业市场上的竞争力，也使他们更容易找到与所学专业相关的工作。毕业生通过职业教育通常能够迅速适应职场需求，从而更快地进入职业生涯。

2. 职业发展的契机

职业教育为个体提供了更广泛、更深入的职业发展路径。通过职业教育获得的专业技能和知识使个体能够在特定领域中获得长期的职业发展机会。这有助于他们在职业生涯中不断提升，担任更具挑战性和高级的职务，实现事业的可持续发展。

3. 实际技能的获得

与传统学术教育相比，职业教育更加注重实际技能的培养。这些实际技能包括各种职业特定的技术和工作方法。通过职业教育，个体能够获得更为实用的能力，使他们能够在职场中更快速、更有效地应对各种挑战。

4. 就业机会的扩大

职业教育为个体提供了更广泛的就业机会。不同行业对于不同专业技能的需求不同，而职业教育正是为了满足这些需求而存在的。通过职业教育，个体能够选择适合自己兴趣和能力的领域，拓宽了他们的就业选择范围，提高了就业机会。

5. 收入水平的提升

随着对职业教育提供的专业技能和知识的学习，个体在职场中更容易取得相对较高的职位。这通常伴随着相应的薪资水平的提升，为个体提供更好的经济回报。通过具备职业教育所培养的实际技能，个体能够成为更高端、更有价值的劳动力，从而享受到相应的经济利益。

6. 生活质量的改善

职业教育不仅对个体的职业发展有利，还直接影响个体的生活质量。获得了良好的职业教育意味着更高的就业稳定性和更好的经济收入，使个体能够提高生活水平，享受更多的社会资源和服务。这也有助于改善个体及其家庭的整体生活质量。

7. 个人潜力的实现

职业教育通过培养实际技能，帮助个体更好地发掘和实现个人潜力。这有助于个体更全面地发展，不仅在专业领域取得成功，还在个人生活中更具自信和自我实现感。

8. 社会参与和认同感

通过职业教育获得的职业认证和专业资格为个体在社会中建立了更强的认同感。这种认同感不仅来源于个体在职场上的成就，还反映在他们对社会的贡献。良好的职业教育经验可以激发个体更积极地参与社会活动，为社会发展作出更多贡献。

总体而言，职业教育对个体的影响是全面而积极的。它不仅提供了实际技能培训和职业发展的机会，还为个体的生活带来了更好的经济收益和社会认同感。通过培养实际应用的专业知识，职业教育帮助个体更好地适应职场要求，成为社会的积极力量。在个体层面，职业教育是一项为未来奠定基础的关键投资。

（四）职业教育对社会的影响

职业教育对社会的影响是深远而全面的。从提供高素质劳动力到促进经济发展，再到减少社会不平等，职业教育在社会层面扮演着重要的角色。以下是对职业教育对社会的多方面影响的深入探讨。

1. 促进经济繁荣

职业教育是经济发展的关键引擎之一。通过培养各行各业所需的专业技能，职业教育直接影响劳动力市场，提高了劳动力的素质和效率。这有助于各个行业更好地适应市场需求，促进生产力的提高和经济繁荣。

2. 减少技能短缺

职业教育的目标之一是通过提供实际技能培训，减少各行业的技能短缺。当劳动力市场上有更多具备特定技术和知识的人才时，社会能够更好地应对行业发展的需求，减少企业因技能短缺而面临的挑战。

3. 社会流动性和公平

职业教育提供了一种不同于传统学术教育的职业路径，使更多人有机会获取高质量的教育。这有助于社会流动，使来自各个背景的人们能够进入不同行业，从而减少社会的不平等。职业教育为广大人口提供了更多实现社会经济地位提升的机会。

4. 降低失业率

通过培养与市场需求相符的实际技能，职业教育有助于提高毕业生的就业竞争力，降低他们的失业风险。这对于社会来说是至关重要的，因为降低失业率有助于减少社会紧张和经济不稳定。

5. 适应科技进步

随着科技的不断进步，职业教育起到了提高学生适应性能力的作用。它能够快速调整课程，确保学生获得最新的技术知识和工作技能，使他们能够适应快速变化的工作环境。这有助于社会更好地迎接科技变革的挑战，推动产业升级和创新。

6. 创造社会稳定

强有力的职业教育系统有助于维护社会的稳定。通过提供良好的职业发展机会，社会能够减少贫困和不平等，促进社会和谐。稳定的社会有助于提高公民的幸福感和社会凝聚力。

7. 提高公共健康和社会福祉

通过提供职业教育，社会为个体创造了更好的经济条件和生活质量。这不仅有助于个体的身体健康和心理健康，还对整个社会的公共健康和社会福祉产生积极的影响。

8. 社会参与和文化建设

职业教育不仅关注技术和实际技能，还涉及培养学生的综合素质，包括社会责任感和文化素养。这有助于培养具备良好职业道德和社会参与意识的人才，为社会建设和文化发展提供有力支持。

9. 提升国际竞争力

一个有强大职业教育体系的国家能够培养出更有竞争力的劳动力，从而在国际竞争中更具优势。这不仅对于吸引外资和推动出口有利，还有助于提高国家在全球经济中的地位。

总体而言，职业教育对社会的影响是多层面的，涵盖了经济、社会和文化等方面。它不仅有助于培养高素质的劳动力，还促进了社会的公平、稳定和繁荣。一个健全的职业教育体系是实现社会全面进步和可持续发展的不可或缺的组成部分。

（五）职业教育对经济的影响

职业教育对经济的影响是深远而多层面的，涵盖了劳动力市场、生产力、创新和经济发展的各个方面。以下是对职业教育对经济影响的综合讨论。

1. 提升劳动力素质

职业教育致力于培养学生在特定职业领域所需的实际技能和知识。通过提供专业培训，职业教育使劳动力更具备在实际工作中胜任的能力。这提高了就业者的素质，使他们更适应复杂的劳动力市场需求。

2. 缓解技能短缺

随着技术的不断发展，许多行业和企业面临技能短缺的挑战。职业教育通过提供实际的职业培训，填补了市场上对特定技能的需求缺口。这有助于缓解技能短缺，提高企业的生产效率，促进整个经济的发展。

3. 推动创新

职业教育培养的专业人才通常更容易适应和推动行业内的创新。具备实际技能和行业专业知识的人才能够更好地理解和应用新兴技术，促进科技创新，推动各个行业朝着更先进、更可持续的方向发展。

4. 提高生产力

高素质的劳动力是提高生产力的关键因素。通过职业教育培养的劳动力更容易适应工作要求，能够更高效地执行任务，从而提高生产力水平。这对于企业和整个经济而言都是积极的。

5. 促进行业升级

职业教育紧密关联着各个行业的需求，能够为行业提供实际技能和专业知识。通过为行业培养具备最新技术和实际经验的专业人才，职业教育促进了行业的升级和发展，使其更适应当代社会的要求。

6. 创造就业机会

职业教育不仅培养了高素质的劳动力，还帮助创造了更多的就业机会。通过提供实际技能培训，职业教育使更多的人能够进入各个行业，降低了进入门槛，为社会创造了更多的就业机会。

7. 适应劳动力市场的变化

随着经济结构和技术的变化，劳动力市场不断发生变化。职业教育具有灵活性，能够快速调整课程以适应市场需求的变化。这使得劳动力能够更好地适应经济环境的变化，提高对市场的适应性。

8. 降低社会不平等

职业教育提供了一个机会平台，使更多的人有机会获得高素质的教育，从而提高其在劳动力市场中的地位。这有助于减少社会中的不平等现象，为更广泛的人群提供实现经济独立的机会。

9. 激发创业精神

经过职业教育培养的人才通常具有实际工作经验和行业洞察力，这有助于激发创业精神。创业是经济发展的重要引擎之一，而职业教育培养的专业人才更有可能成为创业者，促进经济的创新和多样性。

10. 国际竞争力的提升

拥有高水平职业教育的国家更有可能在全球经济中脱颖而出。这是因为这些国家能够培养出适应国际标准和需求的高素质专业人才，提高了其在国际市场上的竞争力。

总体而言，职业教育对经济的影响是多方面的，既体现在提供高素质的劳动力方面，又表现在促进创新、提高生产力和推动产业升级方面。在当今竞争激烈的全球经济中，发展健全的职业教育系统对于一个国家实现可持续经济增长和社会繁荣至关重要。

（六）职业教育的发展趋势

职业教育作为适应社会和经济变革的关键组成部分，不断面临着新的挑战和机遇。以下是职业教育的发展趋势，这些趋势在全球范围内推动着教育体系的不断演进和创新。

1. 数字化和在线学习

随着数字技术的飞速发展，数字化和在线学习成为职业教育的重要趋势。在线学习平台和虚拟培训工具提供了更灵活、便捷的学习方式，使学生能够根据自己的时间表和需求进行学习。这为全球范围内的学生提供了更广泛的教育机会，并促使职业教育机构更加注重数字技术的整合。

2. 技术领域的不断更新

随着技术的不断进步，职业教育需要紧跟技术领域的更新。新兴技术如人工智能、大数据分析和云计算等已经成为许多行业的关键驱动力。职业教育需要不断更新课程，确保学生掌握最新的技术和工作方法，以适应快速变化的工作环境。

3. 跨学科和综合性培养

未来的职业教育趋势之一是更强调跨学科和综合性培养。企业和组织越来越需要员工具备多样化的技能和综合素质，例如创造力、沟通能力和团队协作等。职业教育需要更加关注这些方面，培养具备全面素质的专业人才。

4. 灵活的学习路径

传统的线性学习路径逐渐被更灵活的学习模式取代。学生可能通过不同的途径和学习经历达到相同的职业目标。职业教育需要提供更多个性化、可定制的学习路径，以满足不同学生的需求和兴趣。

5. 实践经验的重要性

实践经验对于职业教育的重要性不断增加，雇主更加注重员工是否具备实际工作中所需的技能和经验。因此，职业教育需要更加强调实践性的培训和实习机会，确保学生毕业后能够顺利进入职场并立即为企业作出贡献。

6. 行业与学术的更紧密结合

为了更好地满足行业的需求，职业教育机构需要与行业建立更紧密的合作关系。这可能包括由行业专业人士参与教学、提供实际项目和案例，以及提供实习和职业导师服务。这样的合作不仅有助于学生更好地理解实际工作要求，还有助于提高学校的教育质量和就业率。

7. 绿色职业教育

随着可持续发展和环保意识的不断增强，绿色职业教育成为一个重要的发展方向。培养具备环境保护、可再生能源等领域专业知识的人才将对社会的可持续发展产生积极影响。

8. 终身学习和职业转型

由于工作环境的不断变化，终身学习和职业转型变得越来越重要。职业教育需要提供更多灵活的学习机会，帮助成年人在职业生涯中不断适应变化，获取新技能，实现职业转型。

9. 国际化

全球化趋势使得职业教育越来越关注国际化。学生需要具备能够在全球范围内工作的技能，因此职业教育需要提供国际化的课程内容、多语言的教学环境及跨国合作的机会。

10. 数据驱动的决策

数据分析和人工智能的应用将为职业教育提供更多的机会。通过收集和分析学生表现、行业需求等方面的数据，职业教育机构可以更好地调整课程、改进教学方法，提高学生的学习体验和就业竞争力。

综合而言，职业教育的发展趋势涉及技术、方法、内容和全球合作等多个层面。随着社会和经济的不断变革，职业教育需要不断创新和调整，以更好地满足学生和行业的需求，促进社会的可持续发展。

（七）职业教育的挑战和应对策略

职业教育在适应社会经济变革的同时，也面临着一系列的挑战。这些挑战涉及技术、社会和经济等多个方面。为了更好地应对这些挑战，职业教育需要采取一系列的策略和举措。以下是对职业教育面临的挑战及应对策略的综合讨论。

1. 挑战一：技术的迅速发展与更新

随着科技的快速发展，行业技术不断更新，这对职业教育提出了更高的要求。传统的教育模式和内容可能无法满足迅速变化的行业需求。

应对策略有以下三种。

（1）灵活的课程设计：制定灵活、可调整的课程结构，确保能够及时更新和适应新兴技术的发展。

（2）与行业合作：建立紧密的行业合作关系，引入行业专业人士参与教学，确保学生能够获取最新的行业动态和实际工作经验。

（3）推行终身学习：鼓励终身学习，使学生和从业者能够随时跟进最新的技术和行业趋势，推动职业教育的不断更新。

2. 挑战二：全球经济的不确定性

全球经济的不确定性使得就业市场波动较大，学生在选择职业路径时面临更大的风险。经济的不稳定性也对职业教育的预算和资源分配提出了挑战。

应对策略有以下三种。

（1）多元化职业选择：鼓励学生在职业规划上多元化，具备多项技能，提高适应不同行业的能力。

（2）就业导向的课程设计：调整课程设置，更加关注培养学生实际应用技能，提高他们在多个领域就业的竞争力。

（3）建立行业网络：建立和拓展学校与各行业的合作网络，以更好地了解市场需求，为学生提供更精准的就业指导。

3. 挑战三：技能短缺与就业市场需求不匹配

尽管存在高失业率，但一些行业却面临着人才短缺的问题。这说明学校培养的学生技能与实际就业市场的需求不一致。

应对策略有以下三种。

（1）市场导向的课程规划：定期分析并根据就业市场需求调整课程设置，确保培养出的人才能够满足实际用工需求。

（2）提供实习机会：与企业合作，提供更多实习和实践机会，帮助学生更好地理解实际工作环境，培养实际应用技能。

（3）行业认证与培训：与行业合作建立认证机制，确保学生所学技能得到行业的认可，提高就业竞争力。

4. 挑战四：社会认知与职业教育的声望

在一些社会中，职业教育的声望相对较低，人们更倾向于传统的学术教育。这可能导致一些学生对职业教育的负面印象，选择进入传统学术领域。

应对策略有以下三种。

（1）宣传与教育：加强对职业教育的宣传，向社会传达其对个人和社会的积极贡献。强调职业教育是培养实际应用技能的有效途径。

（2）建立成功案例：强调职业教育毕业生的成功案例，展示他们在职场上的优异表现，为职业教育争取更多的社会认可。

（3）提高教师素质：提升职业教育教师的专业水平，使他们能够更好地培养学生，从而提高整个职业教育领域的声望。

5. 挑战五：社会不平等

一些社会存在职业教育资源不均等的问题，导致一些学生无法获得高质量的职业教育，增加了社会的不平等。

应对策略有以下三种。

（1）普及职业教育：制定政策和措施，普及职业教育，确保更多的学生能够获得良好的职业教育机会。

（2）提供财政支持：提供财政支持，确保学生能够负担得起职业教育的费用，减少因经济原因而无法接受教育的现象。

（3）关注弱势群体：特别关注弱势群体，提供额外的支持和资源，以确保他们能够获得平等的职业教育机会。

6. 挑战六：全球化对教育体系的冲击

全球化使得经济、科技和文化交流更加频繁，但也带来了一系列新的教育挑战，包括国际竞争、不同文化间的融合等。

应对策略有以下三种。

（1）国际合作与交流：增强与国际教育机构的合作，推动国际间的学术和文化交流，为学生提供更广泛的视野和机会。

（2）培养国际化人才：调整课程，培养具有国际视野和跨文化沟通能力的学生，使其更好地适应全球化时代的就业环境。

（3）语言和文化培训：加强语言和文化培训，使学生能够更好地融入跨文化的工作环境。

7. 挑战七：新冠疫情对教育的影响

新冠疫情对全球范围内的教育体系带来了前所未有的冲击，强调了在线学习的重要性，也加剧了数字鸿沟。

应对策略有以下三种。

（1）加强在线教育能力：提升学校和教师的在线教育能力，确保在特殊情况下，教育可以无缝转换到在线模式。

（2）数字包容性：确保所有学生都能够访问在线学习资源，减少数字鸿沟，包括提供设备、网络和培训等方面的支持。

（3）混合教学模式：推动混合教学模式，结合传统教学和在线学习，以提供更灵活的学习体验。

8. 挑战八：人工智能和自动化对部分职业的影响

随着人工智能和自动化技术的不断发展，一些传统职业可能面临被自动化替代的风险，这对职业教育提出了更高的要求。

应对策略有以下三种。

（1）前瞻性职业规划：引导学生进行前瞻性职业规划，了解不同行业的发展趋势，培养适应未来工作环境的技能。

（2）强调创造性和创新能力：通过培养学生的创造性和创新能力，使其更具竞争力，能够在自动化时代中脱颖而出。

（3）终身学习观念：强调终身学习观念，鼓励从业者不断学习和更新知识，以适应职业发展的变化。

总体而言，职业教育在应对各种挑战时需要采取多元化的策略。这包括不断调整课程以适应市场需求、加强与行业的合作、提高教育的可及性，以及强调培养学生的创新能力和终身学习观念。通过这些策略的综合运用，职业教育能够更好地满足学生和社会的需求，促进人才培养与社会经济的良性发展。

综上所述，职业教育在当今社会中的重要性不可忽视。它不仅对个体提供实际技能、提高就业竞争力有积极影响，也对社会和经济发展产生积极影响。随着社会的发展，职业教育将更加注重数字化技术的整合、个性化学习路径、跨学科融合和持续职业培训。同时，职业教育仍面临一些挑战，如社会认知不足、行业变化快等，需要各方共同努力来推动职业教育的进步和发展。通过持续改进和创新，职业教育将继续为个体和社会的可持续发展作出贡献。

二、职业教育当前教学发展中的挑战

职业教育作为培养实用技能和满足产业需求的教育形式，面临着来自多方面的挑战。在当今社会，科技、产业结构和社会需求的快速变化对职业教育提出了新的要求。本书将深入探讨当前职业教育教学发展中所面临的挑战，包括技术发展、师资培养和课程设计等方面。

（一）技术发展对职业教育的挑战

技术的迅速发展在当今社会对职业教育提出了一系列新的挑战。这些挑战涉及技术的不断更新、新兴技术的应用和数字化转型对工作方式的改变等方面。以下是对技术发展对职业教育的挑战的详细讨论。

1. 技术的快速发展与课程的更新

随着科技的飞速发展，许多行业的技术都在短时间内发生了巨大变化。这就要求职业教育能够及时调整课程，确保学生学到的是最新、最实用的知识和技能。然而，传统的教育机构可能面临调整速度跟不上技术更新的问题，导致学生毕业时的知识已经过时，应对策略有以下三种。

（1）灵活的课程设计：开设灵活、可调整的课程，以适应技术的迅速变化。采用模块化设计，方便随时更新和替换。

（2）行业合作和导师制度：建立与行业的紧密合作关系，邀请业界专业人士参与教学，通过导师制度引入实际工作中的案例和经验。

（3）在线学习和远程教育：利用在线学习平台，提供及时的技术培训，使学生可以根据自身时间和进度获取最新的知识。

2. 数字化转型对工作方式的改变

数字化转型已经改变了许多行业的工作方式。自动化、机器学习和人工智能等技术的应用使得一些传统的工作岗位发生了变革，同时也创造了新的职业。这要求职业教育能够培养学生适应这种数字化转型的能力，同时也要提供适应未来工作环境的新技能。

应对策略有以下三种。

（1）强调创造力和创新能力：数字化时代更强调人类的创造力、创新和解决问题的能力。职业教育应该致力于培养学生的创造性思维和解决实际问题的能力。

（2）数字素养培训：强化学生的数字素养，包括数据分析、信息管理和网络安全等方面的知识。确保学生能够适应数字工作环境。

（3）多元化技能培训：不仅培养专业技能，还要提供跨学科的培训，使学生能够具备更广泛的技能，适应多样化的工作环境。

3. 新兴技术的应用导致行业结构的变化

新兴技术的广泛应用可能导致一些传统行业的衰退，同时也带来了新兴行业的崛起。这就需要职业教育能够迅速调整培训方向，为学生提供适应性强的技能，使他们能够顺利进入新兴领域。

应对策略有以下三种。

（1）前瞻性职业规划：引导学生在职业规划上有前瞻性，了解不同行业的发展趋势，培养对未来工作环境的适应性。

（2）行业导向的课程设计：加强与行业的合作，根据行业需求调整课程，确保学生毕业后具备行业需要的技能。

（3）创业培训：鼓励创新和创业，培养学生成为未来的企业家或创业家，以适应新兴技术所带来的行业变革。

4. 数字鸿沟的挑战

随着技术的发展，数字鸿沟成为一个全球性的问题。一些地区或群体可能因为技术接触不足而面临被边缘化的风险，从而导致职业教育的不平等。

应对策略有以下三种。

（1）数字包容性培训：强调数字包容性，确保所有学生都能够访问和使用数字技术。提供必要的设备、网络支持及培训，减少数字鸿沟。

（2）社会支持和政策制定：制定政策和提供社会支持，确保技术发展不会加剧社会分裂。政府和相关机构可以提供基础设施和资源，以提高数字化教育的覆盖面。

（3）社区参与和合作：通过社区合作，建立数字教育资源中心，提供免费或低成本的数字培训，帮助更多的人融入数字化社会。

5. 人工智能对一些职业的替代

人工智能和自动化技术的进步可能导致一些简单和重复性的工作被机器替代，这对某些行业和职业形成了挑战。

应对策略有以下三种。

（1）注重创造性和复杂性工作：职业教育应该培养学生使其具备创造性、复杂性和无法被机器轻松替代的技能。强调培养解决问题、创新和设计等方面的能力。

（2）持续学习和终身教育：鼓励学生养成终身学习的习惯，以适应不断变化的工作环境。提供机会让从业者不断学习新技能，以适应市场的需求。

（3）重视人际沟通和团队协作：强调培养学生在人际沟通、团队协作和领导力等方面的技能，因为这些是机器难以替代的人类特质。

6. 新的教育模式的探索

数字化时代的到来，也推动了新的教育模式的探索。线上学习、远程教育和虚拟现实等技术带来的新教育方式，使传统的职业教育模式面临着调整和重新思考的挑战。

应对策略有以下三种。

（1）混合教学模式：推动混合教学模式，将传统教学与在线学习相结合，以提供更灵活的学习方式。

（2）虚拟实践和实习：利用虚拟现实技术提供更真实的实践和实习

15

体验，尤其是对一些实际场景较难模拟的职业。

（3）个性化学习路径：采用个性化学习路径，根据学生的兴趣、能力和学习风格，提供定制化的教育方案，使学生更有效地获取知识。

面对技术发展带来的挑战，职业教育需要以灵活、创新的方式来应对。不仅要关注学科知识的传授，更要注重培养学生的创造性思维、团队协作、解决问题的能力及适应不断变化的工作环境的能力。通过与行业合作、采用新的教育技术和鼓励终身学习，职业教育可以更好地适应技术发展的潮流，为学生提供更为全面的职业发展支持。

（二）师资培养与招聘的挑战

师资培养与招聘是职业教育领域面临的重要挑战之一。教师素质的高低直接关系到学生的教育质量和职业发展水平。在社会和技术变革的背景下，职业教育需要具备高水平的师资队伍，以适应不断发展的行业需求。以下是对师资培养与招聘挑战的详细讨论。

1. 技术更新和师资培训的压力

技术的快速发展对教育工作者提出了巨大的挑战。教师需要不断更新自己的知识和技能，以保持对行业最新趋势的了解。然而，由于职业教育领域涵盖广泛，不同领域的技术变化迅猛，因此师资培训成为一个持续且紧迫的任务。

应对策略有以下三种。

（1）建立持续培训机制：制订并实施持续的师资培训计划，确保教师了解并掌握最新的技术、行业动态和教育方法。

（2）行业合作与实践经验：促进教师与行业的深度合作，鼓励教师参与实际项目和实践活动，以提高他们的实际工作经验。

（3）引入外部专家：邀请行业内专业人士和专家作为兼职教师，为学生提供更丰富的实际经验，同时促使教师与产业界保持密切联系。

2. 跨学科和综合素质的要求

职业教育越来越强调跨学科和综合素质的培养，要求教师具备更全面的知识和技能，而传统的专业背景可能无法完全满足这一需求。

应对策略有以下三种。

（1）跨学科培训：提供跨学科的培训，使教师能够在多个领域有所涉猎，更好地适应综合性的教学要求。

（2）团队协作：鼓励教师之间的团队协作，共同设计和实施综合性的课程，充分发挥各自的专长。

（3）强调综合素质：在师资招聘和培养中，强调教师的综合素质，包括创造力、沟通能力和团队协作等。

3. 师资队伍的国际化需求

全球化趋势使得职业教育需要更具国际化的视野，但拥有国际化背景和经验的教师相对不足，导致师资队伍缺乏全球视野。

应对策略有以下三种。

（1）国际交流和合作：鼓励教师参与国际交流项目，与国外教育机构建立合作关系，提升教师的国际化水平。

（2）外籍教师招聘：在一定范围内引入外籍教师，以提供更多元化的文化视角和国际化的教学经验。

（3）多语言能力培养：重视和培养教师的多语言能力，以更好地适应多元文化的教学环境。

4. 师资队伍的结构性不平衡

有些地区或学校可能存在师资队伍结构性不平衡的问题，包括教龄差异大、学科分布不均等。

应对策略有以下三种。

（1）导师计划：建立导师计划，促使年轻教师得到更多的指导和支持，缩小教龄差异。

（2）引进高层次人才：通过引进高层次人才，提升学校整体师资水平，特别是在新兴领域和高技能领域。

（3）流动机制：提供教师内外部流动机制，鼓励有经验的教师参与管理和决策，增加队伍的管理层次。

5. 教育技术的运用与数字化转型

随着教育技术的不断发展，对教师数字化素养的要求逐渐增加。一些教师可能面临教育技术应用不足的问题，阻碍了数字化转型的进程。

应对策略有以下三种。

（1）数字化培训：提供定期的数字化培训，使教师能够灵活运用教育技术，更好地支持教学和管理工作。

（2）建设数字化教育平台：搭建数字化教育平台，为教师提供丰富的在线资源和工具，支持他们在教学中更好地融入数字技术。

（3）分享最佳实践：建立教师之间的经验分享机制，鼓励教师分享数字化教学的最佳实践，促进经验共享和互相学习。

6. 职业发展通道和激励机制的不足

一些职业教育机构缺乏清晰的职业发展通道和激励机制，可能导致教师缺乏动力和发展的方向感。

应对策略有以下三种。

（1）建立职业发展通道：制定明确的职业发展通道，为教师提供晋升和发展的机会，让他们能够在教育领域获得更广泛的认可和回报。

（2）激励和奖励机制：设计激励和奖励机制，包括薪酬激励、专业荣誉和职务晋升，激发教师的积极性和创造性。

（3）持续培训和发展计划：提供个性化的培训和发展计划，鼓励教师不断提升自己的教育水平和专业素养。

7. 教育法规和政策的变化

教育法规和政策的变化可能导致对教育机构和教师的要求发生变动，需要及时适应和调整。

应对策略有以下三种。

（1）建立政策研究机构：在学校或机构内设立政策研究机构，密切关注教育政策的变化，提前做好准备和调整。

（2）定期培训：提供定期的法规和政策培训，使教师了解最新的法规和政策要求，确保教育活动的合规性。

（3）建立沟通机制：建立教师与管理层、政府教育部门之间的沟通机制，确保信息的及时传递和反馈。

师资培养与招聘是职业教育领域中至关重要的一环，直接关系到教育质量和学生的职业发展。为了解决师资队伍面临的挑战，职业教育机构需要采取多方面的策略，包括持续的师资培训、建立多样化的师资队伍、加强国际交流与合作、提供清晰的职业发展通道和激励机制等。通过综合利用这些策略，职业教育可以更好地适应变革，提高教育质量，为学生提供更全面、更符合实际需求的职业教育。

（三）课程设计的挑战

　　课程设计是教育领域中一个复杂而又重要的任务，它不仅是简单地安排一系列教学内容和活动，更是为学生提供全面发展的机会，促使其在知识、技能和态度等方面取得综合性的提升。然而，课程设计面临着诸多挑战，这些挑战涉及理论和实践的层面，需要教育者深入思考和解决。

　　首先，理论层面上的挑战是课程设计中不断涌现的新理念和教育理论。随着科技、社会和文化的不断变化，教育理论也在不断演进。教育者需要关注最新的研究成果和理论动态，以确保他们的课程设计符合最新的教育趋势。这就要求教育者具备不断学习和更新自己知识的能力，以便更好地引导学生适应不断变化的社会需求。

　　其次，实践层面上的挑战包括如何将理论转化为切实可行的教学实践。即便拥有最先进的理论知识，教育者在实际操作中仍然面临许多问题，例如如何激发学生的学习兴趣、如何应对不同学习风格的学生，以及如何在有限的教学时间内完成既定的教学目标等。这需要教育者具备灵活性和创造力，能够根据学生的实际情况调整教学策略，确保课程设计能够真正地产生积极的学习效果。

　　再次，个性化学习的需求也给课程设计带来了挑战。每个学生都是独特的个体，他们拥有不同的学习风格、兴趣和能力。如何在一个课程中满足多样化的学习需求，使得每个学生都能够得到有效的学习体验，是一个亟待解决的问题。这需要教育者在课程设计中考虑到个性化学习的原则，通过差异化的教学手段满足学生多样性的需求。

　　最后，技术的快速发展也对课程设计提出了挑战。现代技术的广泛应用使得教育方式发生了巨大的变革，例如在线教育、虚拟现实等技术手段的出现，让学生有了更多选择学习的途径。但是，教育者需要思考如何将这些新技术整合到课程设计中，确保其既能够提高教学效果，又不失去传统教育的优势。这要求教育者具备对技术的了解和运用的能力，不断更新自己的教学方法。

　　此外，评估和反馈机制也是课程设计中的一大挑战。如何科学、全面地评价学生的学习成果，给予及时有效的反馈，是课程设计中需要认真思考的问题。传统的考试评估方式可能无法全面反映学生的综合能力，因此需要寻找更为科学、灵活的评估手段，例如项目评估、实践性评价等，以更好地帮助学生提高学习水平。

综合而言，课程设计的挑战是多方面的，涉及理论和实践的层面。教育者需要不断更新自己的理论知识，具备灵活的教学策略，关注个性化学习的需求，善于运用新技术，建立科学的评估和反馈机制，以应对不断变化的教育环境。只有在不断探索、创新和实践中，教育者才能更好地应对课程设计中的各种挑战，为学生提供更为优质的教育。

（四）学生就业与发展的挑战

学生就业与发展是高等教育体系中一个至关重要的环节。然而，随着社会的快速变化和经济结构的调整，学生在就业与发展方面面临着一系列的挑战。这些挑战不仅涉及个体学生的能力和素养，还与整个社会、经济环境及教育体系的变革密切相关。

首先，技术的迅速发展对学生的就业和发展提出了巨大的挑战。新兴技术的涌现不仅改变了工作的性质，也对员工的技能要求提出了更高的标准。许多传统职业正在被自动化和人工智能所替代，这意味着学生需要具备更强的适应能力和不断学习的能力，以适应未来工作市场的需求。因此，学生在面对这一挑战时需要培养终身学习的习惯，主动迎接技术变革带来的机遇。

其次，全球化和国际竞争也是学生就业与发展面临的挑战之一。随着信息和人才的自由流动，全球范围内的竞争变得更加激烈。学生需要具备跨文化沟通和合作的能力，了解国际市场的需求，适应多元文化的工作环境。这对语言能力、国际视野和跨文化技能提出了更高的要求，使得学生需要具备更广泛的综合素养。

再次，就业市场的不确定性也是学生面临的挑战之一。经济的波动、行业结构的变化及全球性的事件都可能对就业市场产生影响。学生需要具备一种灵活变通的素质，能够应对不确定性和变化，同时还需要具备创业精神，积极寻找并创造机会。这也对高校的职业规划和辅导服务提出了更高的要求，需要更加贴近市场需求，为学生提供实用的职业指导。

最后，教育与行业之间的脱节也是学生就业与发展面临的挑战之一。

随着社会的发展，一些传统教育体系可能无法及时跟上行业的发展需求，导致毕业生在实际工作中面临技能不匹配的问题。因此，高等教育需要更加密切地与行业合作，了解实际用人需求，调整课程设置，提供更为贴合市场需求的培养方案，以确保学生毕业后能够顺利就业。

此外，心理健康问题也是学生就业与发展中的一个重要挑战。就业压力、职业不确定性及职场竞争可能给学生带来心理压力，影响其职业生涯的发展。高校应该重视学生心理健康的培养，提供心理咨询服务，引导学生树立积极的心态，增强应对挫折和压力的能力，以更好地应对职业生涯中的各种挑战。

综合来看，学生就业与发展所面临的挑战是多方面的，涉及技能要求、国际化竞争、市场不确定性、教育体系调整等多个层面。解决这些挑战需要学生具备综合素养，包括技术能力、跨文化沟通技能和适应能力等。同时，高校和社会也需要共同努力，提供更为全面的培训和支持，以确保学生能够在职业生涯中取得长期的、可持续的发展。

（五）国际化与跨文化的挑战

国际化和跨文化交流在当今全球化的背景下变得越来越重要，然而，这也伴随着一系列挑战。在这个多元、互联的时代，国际化和跨文化的挑战不仅涉及企业和组织，更直接地影响到个人、教育机构及社会整体。以下是一些关于国际化与跨文化的挑战的讨论。

首先，语言障碍是国际化和跨文化交流中常见的挑战之一。不同的国家和文化拥有独特的语言体系和沟通方式，这可能导致信息的误解和沟通的困难。即便使用英语作为全球交流的共通语言，不同国家和地区的口音、用词和语法习惯也可能导致沟通上的问题。在这种情况下，需要通过语言培训和跨文化沟通的培训来提高个体和组织的语言能力，以更好地适应多元的语言环境。

其次，文化差异带来的误解和冲突也是国际化和跨文化交流中常见的挑战。不同文化之间存在着价值观、信仰、礼仪等方面的差异，这可能导致在工作、学习和生活中产生文化冲突。为了解决这一问题，需要进行跨文化培训，帮助个体更好地理解和尊重不同文化的差异，以建立更加和谐的工作和学习环境。

再次，法律和制度的差异也是国际化和跨文化交流中需要面对的挑战之一。不同国家和地区拥有不同的法律法规和制度，这可能影响到企业的经营、学生的学习及个体的生活。了解和适应这些法律和制度的差异是至关重要的，这需要进行专业的法律咨询和培训，以确保在国际环境中的合法性和稳定性。

最后，人才流动和管理也是国际化和跨文化挑战的一个方面。企业和组织在全球范围内寻找人才，同时也需要管理不同国家和文化背景的员工。跨文化领导和团队管理能力变得至关重要，以确保在多元文化的工作环境中实现高效的协同合作。此时，培训和发展领导者的跨文化管理技能变得尤为重要。

此外，国际化和跨文化挑战的另一个方面是教育体系的调整。学校和教育机构需要适应国际化趋势，提供更具国际竞争力的教育，为学生提供更广泛的国际视野和跨文化素养。这不仅涉及课程设置的国际化，还包括国际交流项目、多语言教学、国际合作研究等方面的发展。教育者需要不断提升自己的国际化教育水平，以培养适应全球化社会的复合型人才。

综合来看，国际化与跨文化交流带来了机遇的同时也伴随着各种挑战。解决这些挑战需要个体和组织具备更强的语言能力、跨文化沟通能力、法律意识、管理水平和教育理念。通过不断的学习和适应，个体和组织才能更好地融入国际化的大环境，共同促进全球化进程中的共赢与发展。

（六）财政和资源的挑战

财政和资源管理一直是各个层面组织面临的重要挑战。这一挑战不仅在政府层面存在，也困扰着企业、非营利组织和个人。有效的财政和资源管理对于保持组织的可持续性和实现长期目标至关重要。以下是关于财政和资源管理挑战的一些讨论。

首先，财政挑战涉及资金的获取和分配。许多组织在运作和发展过程中需要大量的资金，而资金可能来自多个渠道，包括政府拨款、捐赠、借贷等。面对竞争激烈的市场和日益复杂的经济环境，组织需要制定切实可行的财政策略，确保能够稳健地获取所需资金。同时，在资金分配方面，也需要权衡各种需求，确保资源得到最优的利用，以推动组织的整体发展。

其次，预算制定和执行是财政管理中的重要环节，同时也是一个常见的挑战。组织需要在有限的资源下作出决策，确保各个方面都得到足够的支持。然而，由于市场波动、政策变化等原因，预算的执行可能面临一系列不确定因素。有效的预算管理需要对外部环境有敏锐的洞察力，同时具备动态调整的能力，以适应各种变化，确保组织能够在有限的资源下保持灵活性和可持续性。

再次，财务透明度和合规性是财政管理中的关键问题。随着社会对组织责任和透明度的要求日益提高，组织需要确保其财务运作是公正、透明的，并符合相关法规和标准。这不仅有助于建立信任，还可以避免可能的法律风险。因此，要建立健全的财务管理体系、加强内部控制，同时，加强外部审计和评估也是财政管理中的一项重要工作。

最后，长期的资金规划和管理也是一个挑战。组织需要面对未来的不确定性，制定长远的财务战略，以确保在未来能够应对各种变化。这包括投资决策、财务风险管理和资本结构优化等方面的工作。同时，对于非营利组织而言，募捐和资金筹措也是一个长期而复杂的过程，需要建立持久的合作关系，保持社会的支持。

此外，技术的发展也对财务管理提出了新的挑战。随着信息技术的普及和应用，财务数据的管理和分析变得更加复杂。组织需要不断更新技术系统，确保财务信息的安全性和准确性。同时，技术的发展也为财务管理提供了更多的工具和手段，如大数据分析、人工智能等，但如何有效地整合这些技术，提高财务决策的科学性和效率也是一个需要解决的问题。

综合而言，财政和资源管理是组织管理中的一个重要方面，面临着多方面的挑战。有效的财政管理需要组织具备战略眼光，敏锐地洞察外部环境的变化，制定合理的预算和财务计划，保持财务透明度和合规性，同时善于利用新技术手段，以更好地应对不断变化的市场和社会环境。只有通过科学的财务管理，组织才能够在竞争激烈的环境中稳健前行，实现可持续的发展。

（七）社会认知与舆论的挑战

社会认知与舆论的挑战在当代社会变得尤为重要。随着信息技术的迅速发展和全球化的推进，人们在社交媒体、新闻平台等各种渠道上获取信息的方式变得更为多样，同时，信息传播的速度也大幅提升。这带来了一系列社会认知与舆论方面的挑战，影响着社会的稳定和发展。

首先，信息过载和虚假信息的泛滥是社会认知与舆论面临的首要挑战之一。随着信息的爆炸式增长，人们在日常生活中接收到的信息数量越来越庞大，但其中不乏虚假信息、误导性信息，甚至是恶意的谣言。这使得公众在面对众多信息时很难准确辨别事实真相，容易受到误导，进而形成不准确的社会认知。这要求社会加强媒体素养教育，提高公众对信息真实性和可信度的辨别能力。

其次，信息的碎片化和个性化也带来了社会认知的分化。个体在社交媒体上更容易形成信息"过滤泡泡"，只接触到与自己观点相符的信息，而忽略了多元的声音和观点。这导致社会认知越来越分裂，形成了不同群体之间的认知差异。这种信息的局限性不仅影响了个体对事实的全面理解，也影响了社会的共识和合作，增加了社会的不稳定性。

再次，网络极端主义和仇恨言论的传播也是社会认知与舆论的挑战之一。互联网和社交媒体为极端主义和仇恨言论的传播提供了平台，这种言论容易在虚拟空间中传播并影响更广泛的群体。这不仅导致社会的道德风险上升，还可能威胁到社会的和谐与安定。因此，社会需要建立更加健全的法规和监管机制，防范和打击网络上的极端主义和仇恨言论。

最后，个人隐私权的侵犯也是社会认知与舆论面临的挑战之一。随着大数据技术的应用，个人信息越来越容易被收集和利用。一方面，这为商业和政府提供了更精准的服务和决策支持；但另一方面，也引发了个人隐私权的担忧。个体对自己信息的掌控感降低，容易成为商业广告或政治目的的工具，从而影响社会的信任度和稳定性。

此外，社交媒体的"审美疲劳"和信息过度曝光问题也对社会认知和舆论产生负面影响。由于社交媒体的普及，人们长时间沉浸于信息丰富、多样的社交媒体内容中，可能导致疲劳感和信息过载。此外，社交媒体上的信息过度曝光和过度分享可能导致信息的降值，人们对于信息的重视度下降，社会舆论的形成变得更为复杂。

综合而言，社会认知与舆论的挑战涉及信息传播、认知差异、言论自由、个人隐私等多个层面。解决这些挑战需要全社会的共同努力，包括媒体、教育机构、政府和个体。加强媒体素养教育，促进多元信息的传播，建立健全的信息监管机制，加强网络安全和隐私保护，都是缓解社会认知与舆论挑战的有效途径。在全球化和信息化的时代，建立更加开放、透明和负责任的信息传播机制，是维护社会稳定与发展的关键一环。

（八）可持续性发展的挑战

可持续性发展是当今全球社会面临的一个至关重要的议题。它涉及经济、社会和环境的平衡，旨在满足当前需求而不损害未来世代的能力满足其需求。然而，实现可持续性发展面临着一系列的挑战，这些挑战涵盖了全球范围内的多个领域，包括环境、社会、经济和政治方面。

首先，环境方面的挑战是最为紧迫和显著的。气候变化、生物多样性丧失、土地和水资源过度利用等问题已经对地球生态系统造成了严重的影响。全球气温上升、极端天气事件频发，都凸显了环境持续性的危机。应对这些挑战需要全球范围内的合作，采取切实可行的环保措施，减少温室气体排放，保护自然生态系统，促使可再生能源的广泛应用。

其次，社会方面的挑战包括贫困、不平等和社会不公正。全球范围内存在着贫富差距悬殊的问题，数以亿计的人口面临贫困和基本生活需求无法满足的问题。而且，社会不平等现象也表现在教育、健康和就业领域上，这进一步削弱了社会的可持续性。可持续性发展要求实现更为公平的社会结构，促进社会包容和公正的发展，确保每个人都能够分享社会的繁荣。

再次，经济方面的挑战涉及资源管理、经济增长模式和全球供应链的问题。传统的经济增长模式往往以资源消耗和环境破坏为代价，需要转向更为可持续的经济发展路径。同时，全球化带来的供应链过度依赖，使得一些国家在资源和产业方面过度脆弱，不利于全球经济的稳定和可持续性。构建循环经济、推动绿色技术创新，以及促进全球经济平衡和共享是解决经济挑战的关键。

最后，政治方面的挑战也是实现可持续性发展的关键因素。国际社会需要加强协作，形成共同的可持续发展议程，并制定相关政策和法规。然而，由于不同国家的利益差异、政治体制的差异，以及一些国家对可持续发展目标的执行不力等原因，全球合作的推进受到一定的阻力。因此，建立国际性的合作机制，推动全球治理体系的改革和升级，是应对可持续性发展政治挑战的关键。

此外，人们的思维方式和生活习惯也构成了可持续性发展的挑战。现代社会普遍存在一种"消费至上"的观念，导致资源浪费和环境负担的增加。人们对于可持续生活方式的认知不足，缺乏对资源的节约和环境保护的重视。因此，培养可持续发展的价值观，推动人们更加理性、可持续的消费和生活方式，是实现可持续性发展的必要条件。

在解决这些挑战的过程中，创新和科技发展发挥着关键作用。新技术的应用可以提高资源利用效率、降低环境污染，推动经济转型。同时，创新也可以带来更加平等和包容的社会制度，提高社会的可持续性。例如，绿色技术的发展、数字化的推动，都为可持续性发展提供了新的解决途径。

综合来看，实现可持续性发展是一个综合性的挑战，需要环境、社会、经济和政治等多个领域的协同努力。各国政府、企业、公民等都需要承担起责任，采取切实可行的措施，推动全球可持续性发展目标的实现。只有在全球范围内形成强大的合力，共同应对上述挑战，才能够实现人类社会的可持续繁荣。

（九）应对策略与未来发展方向

1. 技术整合与创新

教育机构应积极整合数字技术，采用创新的教学方法，以提高教育的吸引力和实用性。实践中，可以引入在线学习平台、虚拟现实技术等。

2. 师资队伍培养

加强对教师的培训，提高他们的教育水平和实践经验。同时，建立行业与教育机构的密切联系，吸引具有丰富实际经验的从业者加入教育行列。

3. 灵活的课程设计

制定灵活的课程设计机制，使其能够及时响应行业的变化，确保学生学到的知识具备实际应用价值。强调实践环节，增加学生的实际操作经验。

4. 综合发展支持

教育机构应积极支持学生的综合发展，包括提供职业规划服务、创业支持等。与企业建立紧密联系，提供实习机会，增加学生在职业领域的实际经验。

5. 国际化视野与跨文化培养

强化国际化教育，培养学生使其具备国际竞争力。同时，加强跨文化交流，创造一个多元化、包容性的学习环境。

6. 财政支持与资源整合

寻求更多的财政支持，确保教育机构能够获得充足的资源用于师资培训、设备更新等方面。与产业合作，共同承担一些经费开支。

7. 社会认知与宣传

积极改善职业教育的社会形象，加强对社会的宣传和教育。强调职业教育的重要性和实用性，深化社会对职业教育的认知。

8. 可持续发展策略

在课程设计中考虑可持续发展的原则，倡导环保和社会责任。引导学生形成可持续发展的观念，在职业实践中培养他们的可持续性意识。

综上所述，职业教育当前面临的挑战是多方面的，需要教育机构、政府、企业及社会共同努力。通过全面的改革和创新，职业教育将更好地适应时代发展的需要，培养更多具备实际技能和综合素养的人才，为社会可持续发展作出积极贡献。

第二节　全球职业教育概览

一、国际职业教育现状

随着全球化的推进和经济结构的变革，国际职业教育成为各国关注的焦点之一。国际职业教育不仅是培养本国劳动力的关键手段，同时也是提高全球劳动力竞争力、促进可持续发展的途径之一。本书将对国际职业教育的现状进行深入分析，包括全球范围内的趋势、特点、挑战和发展方向。

（一）全球范围内的职业教育趋势

1. 全球化劳动力市场

随着国际贸易和劳动力流动的加速，全球劳动力市场日益趋向一体化。各国纷纷加强国际职业教育合作，以培养适应全球劳动力需求的人才。例如，一些发达国家积极与发展中国家开展职业技能培训项目，促进技术和经验的共享。

2. 技术与创新导向

国际职业教育日益注重培养适应科技创新的人才。各国纷纷调整职业教育课程，加强对新兴技术领域的培养，以满足科技产业对高技能人才的需求。例如，德国的双轨制职业教育体系充分结合了理论知识和实践技能，培养了大量优秀的工匠和技术专家。

3. 跨学科融合

国际职业教育在课程设计上更加强调跨学科融合，使学生具备更全面的素养。除了专业技能的培养，还注重培养学生的创新思维、团队协作和跨文化沟通能力。这有助于学生应对复杂多变的全球工作环境。

4. 数字化技术整合

在全球范围内，数字化技术在职业教育中的应用逐渐普及。在线学习平台、虚拟现实技术等数字化手段为学生提供更灵活的学习方式，并强化实践性的培训。这种趋势有助于打破时空限制，使职业教育更具包容性和灵活性。

（二）国际职业教育的特点

国际职业教育在当今全球化的背景下，呈现出一系列独特的特点，这些特点涉及教育体系、课程设计、师资培养及学生发展等多个方面。以下是国际职业教育的一些显著特点。

1. 全球视野与国际合作

国际职业教育注重培养学生使其具备国际竞争力，强调全球视野。学校通常与国外高校、企业等建立紧密的合作关系，推动学术研究、师资交流、学生实习等多方面的合作，使学生能够更好地适应国际化的职业环境。

2. 跨文化教育

国际职业教育致力于培养学生的跨文化沟通和合作能力。课程设置和教学方法通常考虑到不同文化背景的学生，鼓励学生参与国际交流项目，增强跨文化体验，增强对多元文化的理解。

3. 职业导向与实践性强

国际职业教育更加注重培养学生的实际应用能力。课程设置通常紧密结合行业需求，注重实践性的教学方法，例如实习、项目实践和实际案例分析等，以确保学生毕业后能够顺利进入职业生涯。

4. 多元化课程体系

国际职业教育的课程体系通常更加多元化，涵盖了不同领域的专业方向。这有助于满足学生不同的兴趣和职业需求，为其提供更多选择，促进个性化和定制化的学习路径。

5. 创新与科技应用

国际职业教育注重培养学生的创新能力和科技应用能力。学校通常与产业界建立紧密联系，关注新兴技术的发展，确保教学内容和方法能够跟上科技变革的步伐，培养学生具备适应未来职业需求的技能。

6. 语言和跨学科学习

考虑到国际学生的多样性，国际职业教育通常采用多语种授课，使学生能够在跨文化和多语境环境中更好地学习和交流。此外，国际职业教育也鼓励跨学科学习，使学生能够跨足多个领域，拓展知识广度。

7. 全人发展和终身学习观念

国际职业教育注重培养学生的全面发展，不仅关注专业技能的培养，还注重培养学生的人文素养、领导力、团队协作等综合素质。同时，强调终身学习观念，鼓励学生在职业生涯中不断学习和更新知识。

8. 灵活性与个性化

国际职业教育通常更加灵活，允许学生根据个人兴趣和发展需求调整学业进程。这体现在选修课程的丰富性、学分制度的灵活性，以及支持学生参与双学位、交换项目等的机会。

9. 教师团队国际化

国际职业教育的师资队伍通常具有国际化背景，包括国外学历、工作经验、多语言能力等。这有助于提供更多元的视角，促进国际交流与合作。

总体而言，国际职业教育具有强烈的实践性、国际化和多元性的特点。它致力于培养全球化时代所需的复合型人才，使学生在职业发展中更具竞争力和适应力。这一特点也使得国际职业教育在全球范围内备受关注和重视。

（三）国际职业教育的挑战

1. 语言和文化差异

国际职业教育面临着来自不同语言和文化背景的学生的挑战。语言障碍可能影响学生的学习效果，而文化差异也可能导致学生在跨文化交流中感到困扰。

2. 质量认证标准不一

不同国家对于职业教育的质量认证标准存在差异，这可能影响国际职业教育的互认度。建立全球性的质量认证体系仍然是一个亟待解决的问题。

3. 职业教育负面印象

在一些国家，职业教育仍然受到传统文理教育的负面影响。这可能导致职业教育在国际上的认可度不高，影响学生选择国际职业教育的意愿。

4. 全球劳动力市场变动

全球经济和产业结构的快速变化可能导致职业需求的波动。国际职业教育需要灵活调整课程和培养方向，以适应新兴行业的需求，确保学生毕业后能够顺利就业。

5. 数字鸿沟

虽然数字化技术在国际职业教育中得到广泛应用，但一些发展中国家仍然存在数字鸿沟，学生和教师可能无法充分享受到数字化带来的便利。这可能导致全球范围内的教育不平等问题。

（四）国际职业教育的发展方向

1. 推动国际认证标准

各国应积极推动国际职业教育的认证标准，促进各国职业教育互认。

建立全球性的认证体系，确保国际职业教育的质量和水平得到国际承认。

2．强化语言和文化培训

国际职业教育机构应加强对学生的语言和文化培训，帮助学生更好地适应不同文化背景的学习环境。建立多语言环境，促进学生的跨文化沟通和交流。

3．产学研结合

进一步加强国际产学研结合，促进职业教育与产业需求更好地对接。建立更多的国际合作项目，使学生能够在全球范围内获得实际工作经验。

4．注重可持续性发展

国际职业教育应更加注重可持续性发展的理念，将环保、社会责任等元素融入课程设计。培养学生使其具备可持续发展的观念和实践技能，使他们成为可持续发展的推动者。

5．加强数字化技术应用

进一步推动数字化技术在国际职业教育中的应用，提高学生对新技术的熟练程度。建立在线学习平台、虚拟现实技术等，以提供更灵活和普惠的教育服务。

6．建立国际性交流平台

国际职业教育机构可以建立更多的国际性交流平台，促进学生、教师之间的跨国交流。这有助于学生更好地理解全球职业发展趋势，提高全球竞争力。

7．加强国际政策协调

各国政府应加强国际政策协调，推动国际职业教育的共同发展。通过共同努力，建立更加开放、包容、合作的国际职业教育体系。

国际职业教育在全球范围内呈现出多元化、数字化、可持续发展等多重特点。面对来自不同国家的学生和不同文化的挑战，国际职业教育需要不断调整和改进。国际认证标准、语言文化培训、产学研结合、可持续性发展等方面的努力将有助于促进国际职业教育的发展。通过国际合作与政策协调，国际职业教育将更好地服务于全球劳动力市场的需求，为各国的可持续发展作出积极贡献。

二、跨文化比较与启示

随着全球化的推进，不同文化之间的交流与融合日益频繁，跨文化比较成为了一种重要的研究方法。在各个领域，包括教育、经济、社会等，跨文化比较为我们提供了更为广泛的视角，使我们能够更好地理解不同文化的特点、差异及相互影响。本书将通过跨文化比较的方式，分析不同文化在教育、社会制度、价值观等方面的差异，并从中获得启示，以促进文化交流与理解。

（一）跨文化比较的方法论

跨文化比较是一种研究不同文化之间相似性和差异性的方法，其目的是更深刻地理解文化之间的异同，为跨文化交流、跨文化管理、国际合作等提供理论基础。在进行跨文化比较时，研究者通常会采用多种方法论来获取、分析和解释文化数据。以下是一些常见的跨文化比较方法论。

1. 定性研究方法

定性研究方法通过深度访谈、参与观察和内容分析等手段收集非结构化的文化数据。这种方法强调对文化背后的意义、信仰和价值观的理解。定性研究在跨文化比较中的优势在于能够深入挖掘文化内部的复杂性和多样性，理解文化现象的背后动因。

2. 定量研究方法

定量研究方法通过统计学和量化数据的手段，如问卷调查、实验设计等，来获取文化差异的具体数值。这种方法强调对文化差异的测量和比较，通过大规模样本的收集，分析文化特征的分布、关联和趋势。

3. 文本分析方法

文本分析方法主要通过研究文学作品、语言、广告、媒体等文本，揭示文化的隐含信息和象征意义。这种方法能够帮助研究者理解文化的符号体系、表达方式及文本中蕴含的文化观念。

4. 对比研究方法

对比研究方法通过比较两个或多个文化的异同，揭示其相互影响和交融的过程。这种方法强调文化之间的相互关系，通过对比可以发现文化差异的根本原因和影响。

5. 历史研究方法

历史研究方法通过追溯文化的历史发展，分析文化的演变和变革过程，揭示文化的根源和发展轨迹。这种方法有助于理解文化的演进，为当前文化现象提供历史背景和解释。

6. 心理学方法

心理学方法通过研究个体和群体的心理过程，揭示文化对人的认知、情感和行为等方面的影响。文化心理学等分支领域的方法能够深入挖掘文化在个体层面上的作用机制。

7. 实证研究方法

实证研究方法通过采用实证数据和统计分析，验证文化理论和假设的有效性。这种方法通过大量数据的积累，为跨文化比较提供更为科学和可靠的依据。

8. 生态学方法

生态学方法通过研究文化与环境的相互关系，揭示文化对于自然资源的利用、环境态度等方面的影响。这种方法有助于理解文化与生态系统的互动关系，为可持续发展提供参考。

在实际应用中，研究者通常会综合运用上述方法，构建多层次、多角度的跨文化比较研究框架。这种综合性的方法能够更全面、深入地理解文化现象，帮助人们更好地适应跨文化环境、提高跨文化沟通的效果。跨文化比较的方法论的选择应根据研究问题、研究目的及可用资源等因素进行灵活组合，以取得更具深度和广度的研究成果。

（二）教育体系的跨文化比较与启示

教育体系的跨文化比较是一项复杂而富有挑战性的任务，因为不同国家和文化的教育体系受到历史、社会和文化等多方面因素的影响，呈现出显著的差异。通过对不同国家的教育体系进行比较，可以深入了解各国的教育理念、制度安排、教育质量等方面的异同，为改善自身的教育体系提供启示。以下是教育体系跨文化比较的几个重要方面及其启示。

1. 教育理念和目标

不同文化对于教育的理念和目标存在显著的差异。一些国家强调个体创造力、批判性思维，而另一些可能更注重传统价值观和社会责任感。在进行跨文化比较时，需要认识到不同文化对于教育的期望和目标有所不同，可以从中获得启示，形成更符合本国国情和文化传统的教育理念。

2. 教育制度和结构

不同国家的教育体系在组织结构、课程设置和考试评价等方面存在差异。跨文化比较可以帮助我们了解各种教育制度的优势和劣势，为构建更加灵活、适应性更强的教育结构提供启示。同时，也能促使各国从其他成功的经验中得到借鉴，进行本土化改革。

3. 师资队伍和教学方法

不同文化对于教师角色的期望、培养方式及教学方法存在差异。比较国际上的最佳实践可以帮助我们更好地理解教育中师生关系的建立、培训教师的方法及促进学生参与的教学策略。这有助于提高教学效果，培养更全面的人才。

4. 课程设计和教材选择

不同文化的课程设计和教材选择反映了各国对于知识体系的关注点和侧重方向。通过比较可以了解到不同文化对于综合素质、创新能力和跨学科能力的培养有不同的强调。这为我们设计更加富有创新性、适应性强的课程提供了启示。

5. 教育质量评估

不同国家对于教育质量的评估标准和方法有所不同。通过比较，可以了解到各国在评估教育质量时的经验和不足。这有助于提高我国教育质量评估的科学性和公正性，形成更加科学合理的评估体系。

6. 教育公平性

教育公平性是各国普遍关注的问题，但不同文化和国家在解决这一问题时采取的策略和效果有所不同。跨文化比较可以让我们了解到各国在教育公平性方面的经验，为我国制定更加全面、有力的政策提供参考。

7. 高等教育和职业教育

不同国家的高等教育和职业教育体系差异明显。通过比较，可以了解到各国在高等教育和职业教育融合、产业界与学术界合作等方面的实践经验。这对我国高等教育和职业教育的发展有着积极的启示作用。

8. 全球教育合作

跨文化比较为促进全球教育合作提供了有益的经验。通过了解其他国家的教育制度和实践，可以促使各国建立更加紧密的教育交流与合作关系，共同应对全球性的教育挑战。

总体而言，教育体系的跨文化比较有助于拓宽我们的视野，促进各国在教育改革中的经验交流与借鉴。通过理解和尊重不同文化背景下的教育实践，能够更好地推动本国教育体系的创新和发展，实现更全面、更具有包容性的教育目标。

（三）社会制度的跨文化比较与启示

社会制度是一个国家或地区在政治、经济、文化、法律等方面的组织结构和运行机制的总称。跨文化比较社会制度是一项复杂而重要的研究，可以深入了解不同文化和社会背景下社会组织的异同。这种比较有助于各国相互学习、共同进步，同时也为制度创新提供了有益的启示。以下是社会制度跨文化比较的几个方面及其启示。

1. 政治体制

不同国家的政治体制反映了其对政治权力分配和治理方式的理念和选择。通过比较可以了解到不同政治体制对于社会管理和政府运作的优缺点。这有助于各国吸收其他成功的政治经验，同时根据自身国情进行政治体制的改革和创新。

2. 法律体系

不同文化背景下的法律体系反映了对公正、公平和法治的不同理解。通过比较，可以了解到各国法律体系在维护公民权益、社会稳定等方面的表现。这有助于各国借鉴他国的法治经验，提高法律的适应性和公正性。

3. 社会经济制度

不同国家的社会经济制度影响着资源配置、生产关系、经济增长等方面。通过比较社会主义、资本主义等不同经济体制，可以了解到各种制度对于经济效益和社会公平的影响。这有助于各国在维护社会稳定的同时促进经济的可持续发展。

4. 社会福利体系

不同文化对于社会福利的理解和实践存在较大差异。通过比较可以了解各国在教育、医疗和社保等方面的政策和制度设计。这有助于各国借鉴其他国家在社会福利方面的成功经验，促进社会公平和人民生活水平的提升。

5. 文化和价值观念

社会制度的背后通常反映了一定文化和价值观念。通过比较，可以了解到各国在家庭、教育和劳动观念等方面的文化差异。这有助于增进不同文化之间的理解与尊重，促进文化交流与融合。

6. 教育体制

不同国家的教育体制反映了其对知识传承、人才培养的不同看法。通过比较可以了解到各国在教育目标、课程设置和评估方法等方面的差异。这有助于各国借鉴其他国家成功的教育经验，提高教育质量和培养更全面的人才。

7. 社会关系和人际互动

不同文化的社会制度影响了人们之间的关系和相互作用方式。通过比较，可以了解到各国在家庭、职场和社区等方面的社会关系模式。这有助于各国在社会治理和社会文明方面互相启迪，形成更和谐、稳定的社会。

8. 公共参与和社会治理

不同社会制度对于公众参与和社会治理的理念存在差异。通过比较可以了解到各国在决策过程、社会参与和公共服务等方面的实践和经验。这有助于各国提高社会治理的透明度和效果，促进公共利益的实现。

跨文化比较社会制度是促进国际合作与交流的有力工具。通过深入了解其他文化背景下的社会制度，各国可以更好地理解彼此，借鉴他国成功经验，同时也能够更全面地审视本国的社会制度，进行必要的改革和创新。在全球化的背景下，加强跨文化比较有助于形成更加包容、共赢的国际社会。

（四）价值观的跨文化比较与启示

价值观是一个人、一个社群或一个文化对于什么是好与坏、重要与次要的共同信念和看法。跨文化比较价值观涉及了不同文化中人们对生活、社会、伦理等方面的认知和评价，对于促进文化交流、理解和尊重具有重要意义。以下是价值观的跨文化比较及其启示。

1. 个人主义与集体主义

西方文化通常倾向于个人主义，强调个体独立、追求个人目标和权利；而东方文化更强调集体主义，注重团队协作、家族和社群的共同体验。通过比较可以了解到不同文化在平衡个体需求和群体利益方面的偏好。这有助于促使人们更好地理解和尊重不同文化中的个体与集体关系。

2. 权威与平等观念

有些文化强调权威、尊重权威，社会结构相对垂直；而其他文化更强调平等、强调个体权利和平等的机会。通过比较可以了解到各种文化对于权威和平等的认知，这有助于推动不同文化之间的对话，促进社会公正和民主。

3. 时间观念

一些文化注重短期目标和实用性，强调及时行乐；而另一些文化更注重长远规划，注重长期投资和回报。通过比较可以了解到不同文化在时间观念上的差异，这对于跨国企业、国际合作等方面具有实际指导意义。

4. 人际关系

有的文化注重建立深厚的人际关系，强调情感、信任和亲密；而有的文化更注重合作关系，关注任务和目标的完成。通过比较可以了解到不同文化中人际关系的塑造和维护方式，有助于加强国际交流和合作。

5. 对待变革和不确定性

一些文化对变革和不确定性的容忍度较高，更愿意接受新事物和冒险；而另一些文化更倾向于稳定和传统，对不确定性的容忍度较低。通过比较可以了解到不同文化对于变革、创新和风险的态度，这对于推动社会发展和企业创新有重要启示。

6. 对待工作和生活的态度

有的文化强调工作的重要性，追求职业成功和事业发展；而其他文化更注重生活的平衡，强调家庭和休闲。通过比较可以了解到不同文化对于工作与生活平衡的认知，这有助于提高生活质量，促进职业与家庭的和谐。

7. 环境和自然观念

一些文化强调与自然的和谐共处，注重环保和可持续发展；而其他文化可能更注重人类对自然资源的开发和利用。通过比较可以了解到不同文化对于环境和自然资源的态度，这有助于推动全球环境可持续发展。

8. 对待失败的态度

有的文化对失败持更加包容和乐观的态度，将其看作是学习和成长的机会；而其他文化可能更加强调成功，避免失败。通过比较可以了解到不同文化中对于失败的认知，这有助于培养更加积极的心态和适应能力。

跨文化比较价值观有助于消除误解、促进文化之间的对话，同时也为个体更好地适应跨文化环境提供指导。这样的比较有助于提高人们对于多元文化的理解和尊重，推动全球文明的互相交流与融合。在全球化时代，借鉴其他文化的成功经验，理解不同文化间的价值观差异，对于建设更加包容性、和谐的国际社会有着深远的意义。

（五）跨文化比较的启示与应对策略

1. 尊重多元文化

跨文化比较能够更全面地了解不同文化的特点，因此在跨文化交流中，应尊重多元文化，避免过度主观判断和刻板印象。学会欣赏差异，从中汲取优点，形成开放包容的态度。

2. 培养跨文化沟通技能

跨文化比较揭示了沟通中可能存在的文化障碍，因此需要培养跨文化沟通的技能，包括语言能力、跨文化意识和解决文化冲突的能力。多语言环境的培训和文化交流活动可以帮助个体更好地适应多元文化环境。

3. 灵活调整管理方式

在组织和管理中，需要灵活调整管理方式，以适应不同文化的工作风格和价值观。建立灵活的管理模式，促进团队协作和创新。

4. 倡导文化融合

鼓励文化融合是跨文化比较的一个重要启示。通过促进文化融合，可以在团队中形成更具创造性和协同性的氛围。文化融合不仅有助于提高团队的绩效，还可以促进员工的职业发展。

5. 建立文化敏感性

在不同文化环境中，建立文化敏感度是非常重要的。这包括了解对方文化的基本礼仪、价值观念和社会规范，以避免因文化差异而引起的误解和冲突。

6. 促进文化学习

鼓励员工参与跨文化学习，可以通过培训、文化交流项目等方式，提升员工的跨文化教育水平，使其更好地适应多元文化工作环境。

跨文化比较为我们提供了深刻的洞察，帮助我们更好地理解和应对不同文化之间的差异。通过比较教育、社会制度、价值观等方面的文化差异，我们可以更全面地认识世界，更好地适应全球化的挑战。在跨文化交流中，尊重差异、培养跨文化沟通技能、灵活调整管理方式等策略都将有助于建立更加和谐、包容、创新的国际社会。跨文化比较的启示不仅对个体的职业发展和团队建设有深远的影响，也为构建和谐的国际关系提供了有益的参考。

第三节　技术与职业教育的融合

一、技术发展对职业教育的影响

随着科技的飞速发展，技术已经成为社会各个层面的核心推动力之一。职业教育作为培养适应市场需求的专业人才的重要途径，也受到了技术发展的深刻影响。本书将探讨技术发展对职业教育的影响，分析在教育体系、教学方法、学科设置和学生培养等方面发生的变化，并探讨未来技术对职业教育的可能发展趋势。

（一）在线学习与远程教育

在线学习和远程教育是利用互联网技术和数字工具进行教育和学习的方式。这种教育模式的出现和发展受到了科技的推动，为学生和教育者提供了更加灵活和便利的学习环境。以下是一些关于在线学习和远程教育的关键信息。

1. 定义

在线学习是指通过互联网进行学术和职业培训的过程。学生可以通过电脑、平板电脑或智能手机访问课程内容。

远程教育是一种教学方法，学生和教师不在同一个地理位置，通过互联网和其他通信技术进行远程学习和教学。

2. 关键特点

（1）灵活性：学生可以根据自己的时间表和步调学习，而不受地理位置的限制。

（2）多样性：提供各种各样的学习资源，包括视频、在线教材、论坛等。

（3）实时互动：通过在线会议和讨论板，学生可以与教师和同学进行实时互动。

3. 优势

（1）全球可访问：任何有互联网连接的地方都可以进行学习，促进了全球教育的可及性。

（2）成本效益：避免了传统教育中的一些费用，如住宿、交通等，降低了学习成本。

（3）个性化学习：学生可以根据自己的学习风格和兴趣选择课程，实现个性化学习。

4. 挑战

（1）缺乏面对面交流：某些课程可能需要更多的实践和面对面交流，而在线学习无法完全替代这种体验。

（2）技术障碍：有些学生可能没有足够的技术设备或稳定的网络连接，这可能限制他们的学习体验。

（3）自律性要求高：需要学生具备一定的自律性和组织能力，以便有效地管理自己的学习进度。

5. 未来发展

（1）技术创新：随着技术的不断发展，如虚拟现实和增强现实，在线学习将更加丰富和沉浸。

（2）混合式学习：将在线学习和传统面对面教学相结合，以充分发挥两者的优势。

（3）个性化智能教育：利用人工智能和大数据分析，提供更个性化、有针对性的学习体验。

总的来说，在线学习和远程教育为学生提供了更多的学习机会和灵活性，但也需要面对一些挑战。随着技术的进步和教育模式的不断创新，这一领域将继续发展和演变。

（二）虚拟现实技术在技能培训中的应用

虚拟现实技术在技能培训中的应用已经成为一个备受关注的领域，它为培训提供了全新的方式和工具。以下是虚拟现实技术在技能培训中的一些主要应用方面。

1. 仿真体验

虚拟现实技术可以提供高度逼真的仿真环境，使培训者能够在虚拟世界中体验实际工作场景。这对于需要在危险或昂贵的环境中进行培训的行业尤为有用，例如医疗、航空、军事等。

2. 手动技能培训

对于需要特定手动技能的行业，如手术、工业制造等，虚拟现实技术允许学员在虚拟环境中进行练习，以提高他们的技能水平，而无需真实设备和物料。

3. 协作培训

虚拟现实可以模拟多人协作环境，使团队成员能够在虚拟空间中共同工作、解决问题，从而增强团队协作和沟通能力。

4. 心理学和情绪训练

虚拟现实可以用于模拟现实世界中的高压、紧急情况，以帮助培训者更好地处理和适应压力。这在医疗、急救、军事等领域尤为重要。

5. 虚拟演练

在许多行业，如应急响应、火灾逃生等，虚拟现实提供了进行演练和模拟的安全平台，以帮助人们更好地应对紧急情况。

6. 远程培训和学习

虚拟现实技术使学员无需亲临现场就能接受高质量的培训。这对于国际性的企业、分布式团队以及需要随时随地进行培训的场景非常有用。

7. 产品演示和销售培训

制造商可以使用虚拟现实技术展示其产品，而销售团队可以通过虚拟环境中的实际演示学习如何有效地推销产品。

8. 语言和文化培训

在虚拟环境中模拟不同的语言和文化情境，使学员能够更好地适应多元化的工作环境。

虚拟现实技术在技能培训中的应用有望提高培训效果，降低培训成本，并提供更加个性化和灵活的学习体验。然而，需要注意的是，虚拟现实技术的成功应用还需要克服一些技术、成本和适应性方面的困难。

（三）人工智能在教育管理中的应用

人工智能在教育管理中的应用可以带来许多积极的影响，提高教育体系的效率、个性化程度和整体质量。以下是人工智能在教育管理中的一些主要应用方面。

1. 学生评估和个性化学习

（1）智能教学系统：利用人工智能技术，个性化学习系统可以根据学生的学习风格、能力和进度提供定制化的教育内容。这有助于满足不同学生的需求，提高学习效果。

（2）学生进展跟踪：人工智能可以分析学生的学术表现和进度，为教师提供及时的反馈，并推荐适合学生水平的教育资源。

2. 虚拟助手和虚拟导师

（1）虚拟助手：利用自然语言处理和机器学习技术，虚拟助手可以回答学生的问题、提供解释，甚至与学生进行对话，提供即时支持。

（2）虚拟导师：人工智能系统可以监测学生的学习过程，为其提供学科上的指导和建议，使学生能够更好地理解和掌握知识点。

3. 招生和学生服务

（1）招生流程优化：人工智能可以通过分析大量的招生数据，预测招生趋势，帮助学校更好地制订招生计划。

（2）虚拟学生服务：利用人工智能技术提供的虚拟助手，学生可以获取关于入学要求、课程信息等方面的实时支持。

4. 教育数据分析

（1）决策支持：人工智能能够分析庞大的教育数据，提供对学校管理层的决策支持，例如资源分配、改进教学质量等方面。

（2）风险识别：人工智能可以帮助识别学生可能遇到的问题，提前采取干预措施，防止学生辍学或遇到其他学业问题。

（3）反作弊技术：人工智能可以使用机器学习算法检测学生在考试中的异常行为，以减少作弊的可能性。

（4）自适应学习系统：基于学生的反馈和表现，人工智能可以调整教学方法和内容，以满足学生的个性化学习需求，提高学习效果。

（5）语音识别技术：用于语音交互和学习，尤其对于语言学习和发音的纠正具有重要意义。

人工智能在教育管理中的应用有助于提高教学效率、个性化学习、资源优化及学生服务的水平。然而，需要注意隐私和伦理问题，并确保技术的应用符合相关法规和政策。

（四）大数据对教育研究和政策制定的影响

大数据对教育研究和政策制定产生了深远的影响，它为教育领域提供了更全面、准确的数据，帮助决策者更好地了解学生和教育系统的特征、趋势和需求。以下是大数据对教育领域的影响。

1. 个性化学习

大数据分析能够追踪学生的学习进展，识别他们的弱点和优势。这种信息可以用来定制个性化的学习计划，帮助学生更有效地学习。

2. 预测学生表现

大数据分析可以预测学生在特定学科或领域的表现。这有助于早期发现潜在的学业问题，并采取干预措施，提高学生的学术成就。

3. 资源分配优化

大数据可以帮助学校和教育机构更有效地分配资源，包括教师、资金和设备。这有助于提高整个教育系统的效率。

4. 教学质量改进

大数据分析可以评估不同教学方法和策略的效果，为教育工作者提供改进教学质量的线索。

5. 学校管理和规划

大数据可以用于学校管理和规划，包括学生招生、校园设施管理、课程规划等方面，以提高学校的整体运营效率。

6. 政策制定支持

大数据为政策制定者提供了更全面的教育数据，使他们能够制定更基于事实的政策。这包括教育资源的合理分配、教育改革的方向等。

7. 挖掘教育趋势

大数据可以帮助识别和理解全球、国家或地区范围内的教育趋势，从而引导未来的教育发展方向。

8. 评估教育项目效果

大数据分析使得评估教育项目的效果变得更加科学和客观，有助于了解项目是否达到了预期的目标，并在需要时进行调整和改进。

需要注意的是，在利用大数据时，必须谨慎处理隐私和数据安全问题，确保学生和教育工作者的个人信息得到妥善保护。此外，大数据分析的结果需要结合专业知识和实际情境进行解释和应用，以确保准确性和有效性。

（五）技术发展对教育师资队伍的影响

技术发展对教育师资队伍有着深远的影响，涵盖了教学方法、教育资源、师生互动等多个方面。

1. 教学手段的改变

随着技术的发展，教学手段得到了极大的拓展。传统的教学方式可能主要依赖于教师口头传授和教科书，而现代技术如互联网、多媒体等使得教育更具互动性。教师需要适应和掌握这些新的工具和方法，例如使用在线学习平台、教育软件等。

2. 个性化学习和定制教育

技术的发展使得个性化学习变得更为可行。教育师资队伍需要了解并善于运用教育科技，以满足学生不同的学习需求。这需要教师具备设计个性化学习路径的能力，以更好地发掘每个学生的潜力。

3. 跨地域合作和资源共享

互联网使得教育资源可以更容易地跨越地域进行分享和合作。教育师资队伍可以利用在线平台与其他教育者交流经验、共享教材，从而提升教学质量。这也要求教师具备一定的信息化和国际化意识。

4. 信息素养的重要性

随着信息技术的广泛应用，教育师资队伍需要不断提升自己的信息素养，包括对信息的获取、评估和利用的能力。这有助于教师更好地指导学生在信息时代中获取并利用知识。

5. 在线教育和远程学习

技术的发展促使了在线教育和远程学习的兴起，这对教育师资队伍提出了新的挑战和机遇。教育者需要适应在线教学环境，掌握远程教学技能，同时要能够有效地管理和引导学生。

6. 数据驱动决策

技术的应用使得教育过程中产生大量数据，包括学生的学习表现、反馈信息等。教育师资队伍需要具备对这些数据进行分析和利用的能力，以更好地调整教学方法，满足学生需求。

综合而言，技术的发展对教育师资队伍提出了更高的要求，需要他们不断学习和更新知识，适应新的教学环境，并发挥技术在提升教学效果和质量方面的积极作用。

（六）未来技术发展对职业教育的可能趋势

1. 增强现实和虚拟现实技术的深入应用

随着增强现实和虚拟现实技术的不断进步，这些技术将在职业教育中发挥更大的作用，提供更为真实的学习体验。学生可以通过增强现实和虚拟现实技术进行更为逼真的模拟操作和实践，加强实际技能的培训。

2. 人工智能的进一步融合

未来，人工智能将更深入地融合到职业教育中，为学生提供更个性化、智能化的学习体验。人工智能系统将能够更准确地了解学生的学习需求，并提供定制化的学习路径和建议。

3. 区块链技术在学历认证中的应用

区块链技术可以提供更安全、透明、不可篡改的学历认证系统。未来，学生的学历和技能认证可能会通过区块链技术进行存储和验证，提高学历认证的可信度。

4. 智能化教学辅助工具的发展

智能化的教学辅助工具将进一步发展，支持教师更好地进行课堂管理、学生评估和个性化辅导。这些工具将充分利用大数据和人工智能技术，为教学提供更多的支持。

技术的飞速发展给职业教育带来了深刻的影响。从在线学习到虚拟实境技术的应用，从人工智能在教育管理中的支持到大数据对教育研究和政策制定的影响，技术的发展为职业教育提供了更丰富的教学手段和管理工具。未来，随着增强现实、虚拟现实、人工智能等新技术的不断发展，职业教育将进入一个更加智能、个性化和多元化的时代。教育机构、教师和学生需要不断适应新技术，充分利用科技手段，以更好地满足职业教育的需求，培养更具创新能力和实践能力的人才。

二、人工智能、大数据与教学创新

在数字时代的浪潮中，人工智能和大数据技术迅速崛起，对各行各业产生深远影响，教育领域也不例外。人工智能和大数据的结合为教学创新提供了新的机遇和可能性。本书将探讨人工智能、大数据在教育领域的应用，以及它们对教学模式、学生学习体验和教师角色的影响，同时关注未来可能的发展趋势。

（一）人工智能在教育中的应用

人工智能在教育领域的应用不断发展，涵盖了多个方面，从个性化学习到教学辅助和学术研究。以下是人工智能在教育中的一些主要应用领域。

1. 个性化学习

人工智能可以根据学生的学习风格、能力和兴趣，提供个性化的学习路径和资源。通过分析学生的学习行为和表现，系统可以自动调整课程内容，使之更符合每个学生的需求，提高学习效果。

2. 智能教辅

人工智能可以提供智能教辅工具，帮助学生更好地理解和掌握学科知识。这可以包括智能辅导系统、语音识别技术和虚拟实验室等，为学生提供个性化、实时的学习支持。

3. 自动化评估和反馈

人工智能能够自动评估学生的作业、测验和考试，并提供及时的反馈。这有助于教师更好地了解每个学生的表现，为他们提供个性化的指导和支持。

4. 虚拟教师助手

虚拟助手、聊天机器人和语音助手等技术可以为学生提供学术和情感方面的支持。这种技术可以回答学生的问题、提供信息，并在一定程度上模拟人际互动。

5. 大数据分析

通过分析大规模的学生数据，人工智能可以揭示学生学习的模式、趋势和问题。这有助于学校和教育机构制定更有效的教学策略和政策。

6. 语音和图像识别

语音和图像识别技术可以用于评估学生的语言能力，判断他们对图像和图表的理解，为语言教育和艺术类课程提供更全面的支持。

7. 远程学习和虚拟班级

人工智能在建设虚拟班级和支持远程学习方面发挥关键作用。它可以提供在线学习平台、视频会议工具、自适应学习系统等，使学生能够随时随地获取教育资源。

8. 智能教育管理系统

人工智能技术被用于学校管理系统，包括学生档案管理、排课、资源分配等，提高学校管理的效率和精确度。

人工智能在教育中的应用有望带来更加灵活、个性化和高效的学习体验，同时也需要教育者和决策者关注数据隐私、伦理问题等相关挑战。

（二）大数据在教育中的应用

大数据在教育中的应用涉及许多方面，它可以帮助学校、教育机构和教育者更好地了解学生、提高教学质量、优化管理流程。以下是一些大数据在教育领域中的主要应用方向。

1. 学生分析与个性化教学

（1）学习分析：大数据可以分析学生的学习历史、行为和表现，帮助教育者了解学生的学术水平和学科兴趣。

（2）个性化教学：基于学生数据，教育者可以定制个性化的学习计划和资源，满足每个学生的独特需求，提高学习效果。

2. 学校管理与资源优化

（1）招生预测：利用大数据分析，学校可以预测未来的招生情况，有针对性地进行招生宣传和资源规划。

（2）资源分配：大数据可以帮助学校优化资源分配，包括教室利用率、教师安排和教学材料采购，提高资源利用效率。

3. 教学质量评估

（1）学科标准对齐：大数据分析可以帮助学校和教育机构评估教学质量是否符合学科标准，从而提高整体教学水平。

（2）教师绩效评估：基于学生表现和学业成绩等数据，可以更客观地评估教师的绩效，为进行有效的教育培训提供依据。

4. 学生干预与辅导

（1）风险预测：大数据分析可以识别学生的学术和社交风险，帮助教师及早发现学生可能面临的问题并进行干预。

（2）个性化辅导：基于学生数据，系统可以生成个性化的辅导建议，提供定制化的学习支持，促进学生的全面发展。

5. 学科研究与趋势分析

（1）研究趋势：大数据分析可以帮助研究人员了解教育领域的发展趋势，促进学科研究和创新。

（2）政策制定：基于大数据的趋势分析，政策制定者可以更准确地了解教育体系中存在的问题，并制定相应的政策。

在实际应用中，大数据需要结合教育领域的专业知识，确保数据的收集和分析是有意义且符合教育原则的。同时，对于大数据在教育中的应用，也需要关注数据隐私和安全等问题，确保学生和教师的信息得到妥善保护。

（三）影响教学模式的变革

教学模式的变革受到多种因素的影响，其中一些主要因素包括技术创新、社会需求、认知科学的发展及教育理念的演变。以下是一些影响教学模式变革的关键因素。

1. 技术创新与数字化教育

（1）在线学习平台：互联网和数字技术的发展推动了在线学习平台的

兴起，改变了传统教室教学的形式，提供更为灵活的学习方式。

（2）虚拟现实和增强现实：这些技术为教学提供了更为沉浸式和实践性的体验，促进了学科知识的更直观传递。

2．个性化学习和差异化教学

（1）大数据和机器学习：通过分析学生的学习数据，教育者可以为每个学生提供个性化的学习路径和资源，满足不同学生的学习需求。

（2）自适应学习系统：这些系统根据学生的学习进展调整难度和内容，以提供更贴近个体水平的学习经验。

3．协作学习和社交媒体

（1）在线协作工具：各种在线协作工具促进了学生之间的合作学习，跨地域的团队合作成为可能。

（2）社交媒体：教育者可以利用社交媒体平台扩展教学交流，学生通过社交媒体分享知识和经验。

4．项目式学习和实践导向

（1）跨学科项目：教学模式越来越注重实际问题解决和项目经验，鼓励学生在跨学科环境中应用知识。

（2）实践性教学：强调实践性的教学方法，如实习、实验和实地考察，以培养学生实际问题解决能力。

5．全球化和国际化

远程教学和跨文化交流：国际化趋势促使教学模式更注重培养学生的跨文化沟通技能，远程教学成为国际交流的一种方式。

6．社会变革和职业需求

（1）STEM教育：针对科学、技术、工程和数学领域的变化，教育模式更加注重培养学生的创新和解决问题的能力。

（2）终身学习：社会对终身学习的需求日益增长，推动了教学模式朝向更为灵活和适应性的方向发展。

这些因素相互交织，推动了教学模式的变革，使得教育体系更好地适应当今不断变化的社会和科技环境。

（四）学生学习体验的提升

提升学生学习体验是教育领域追求的一个重要目标。通过创新教学方法、利用技术和关注学生的需求，可以实现更丰富、激发兴趣和更具参与感的学习体验。以下是一些提升学生学习体验的关键方法。

1. 个性化学习

（1）个性化学习路径：利用技术和大数据分析，为每个学生设计个性化的学习路径，根据其兴趣、学科水平和学习风格提供定制化的教育体验。

（2）自适应学习平台：使用自适应学习系统，根据学生的反馈和表现调整教学内容和难度，确保学习体验更贴近个体需求。

2. 实践性学习和项目体验

（1）项目式学习：引入项目和实际问题解决任务，通过实践培养学生的创造力和解决问题的能力。

（2）实习和实地考察：提供机会让学生亲身体验职业领域，加深对理论知识的理解，并培养实际应用技能。

3. 技术整合与互动性

（1）虚拟现实和增强现实：利用这些技术提供沉浸式的学习体验，例如虚拟实验室、虚拟场景模拟等。

（2）在线协作工具：促进学生之间的互动和合作，增加学习社区的存在感。

4. 反馈与评估

（1）实时反馈：提供即时的学习反馈，帮助学生了解自己的学习进展，并及时调整学习策略。

（2）格式化和非格式化评估：创新评估方式，包括项目作品、实际表现和同学互评，以全面了解学生的学业水平。

5. 跨学科和综合性课程

（1）跨学科项目：提供涵盖多个学科领域的项目，鼓励学科之间的交叉学习，促进综合性思考。

（2）综合性课程设计：整合不同学科内容，使学生能够看到知识的整体性和实际应用的可能性。

6. 社交支持和心理健康

（1）社交支持系统：建立支持系统，包括同伴学习小组、导师制度等，以提供学术和情感上的支持。

（2）心理健康服务：提供心理健康支持，包括心理咨询服务和应对学业压力的培训。

7. 实时互动和参与

（1）在线课堂互动：通过实时投票、讨论板等工具增加学生在在线环境中的互动性。

（2）学生参与决策：鼓励学生参与学校或班级事务的决策，增强他们对学校的归属感。

通过结合这些策略，教育者和教育机构可以创造出更为积极、灵活和个性化的学习体验，激发学生的学习兴趣，提高学习动机，并促进终身学习的理念。

（五）教师角色的演变

教师角色的演变是一个与教育体系、技术进步和社会变革密切相关的复杂过程。下面是教师角色演变的一些关键方面。

1. 传统教育者

在过去，教师通常被视为知识的传递者和权威。他们的主要角色是传授教科书中的知识和基本技能。学生被视为被动的知识接收者。

2. 指导者和导师

随着教育理念的演进，教师的角色逐渐从纯粹的知识传递者转变为学生的指导者和导师。教师开始关注学生的个性化需求，鼓励他们的自主学习，提供学术和职业建议。

3. 促进者和创造者

现代教育越来越强调学生的参与和创造力。教师的角色变为促进学生的主动参与、批判思考和问题解决能力的培养。他们创造多样化的学习机会，包括小组合作、项目驱动学习和实践经验。

4. 技术整合者

随着技术的快速发展，教师需要成为技术整合者，将数字工具和在线资源融入教室。这有助于个性化教育和跨越地理和文化界限的教学。

5. 跨学科教育者

教育体系越来越强调跨学科知识和技能的重要性。教师需要跨学科合作，帮助学生建立综合的思维和解决问题的能力。

6. 社会情感支持者

教育界越来越重视学生的社会情感健康。教师的角色包括提供情感支持、倾听学生的需求，帮助他们发展情感智能和社会技能。

7. 终身学习者

教育领域的不断变革要求教师自身也要不断学习和适应。他们需要持续更新自己的知识和教学方法，以满足不断变化的学生需求。

总的来说，教师的角色不再局限于传授知识，而是更加多元化和复杂化。他们需要适应不断变化的教育需求和社会环境，不断发展和提高自己的教育技能，以更好地满足学生的需求并促进他们的全面发展。

（六）未来发展趋势

1. 智能化教育平台的发展

未来，智能化教育平台将更加普及。这些平台将整合人工智能、大数据、虚拟现实等技术，为学生提供更为全面、个性化的学习体验。

2. 增强现实与虚拟现实技术的进一步融合

随着增强现实和虚拟现实技术的不断发展，它们将更深入地融入教育领域。这将为学生提供更为真实的学习体验，尤其对实践性强的职业教育领域具有重要意义。

3. 区块链技术在学历认证中的应用

随着区块链技术的逐渐成熟，它将在学历认证方面发挥更大的作用。学生的学历和技能认证可能通过区块链技术进行存储和验证，提高学历认证的可信度。

4. 教育机构间的数据共享

为了更好地服务学生，教育机构之间可能会加强数据共享，共同利用大数据分析和人工智能技术，为学生提供更全面的学术支持和指导。

人工智能和大数据技术的应用给教育领域带来了深刻的变革。个性化学习、智能化辅导和大数据分析等创新性的教学模式正逐渐改变着传统的教育方式。教育者需要不断适应这一变革，充分利用技术手段，提高教学的质量和效果。

未来，随着技术的不断发展，教育将更加注重个性化、灵活性和实践性。智能教育系统将更加智能化，能够更准确地理解学生的需求，提供个性化的学习路径。虚拟实境技术将进一步融入教学，为学生提供更为真实的学习体验。同时，教育机构和教师也需要在数据保护和隐私方面加强管理，确保学生的信息安全。

人工智能、大数据与教学创新的结合为培养具有创新能力、实践能力和适应未来社会需求的学生提供了强大支持。教育者和决策者需要积极拥抱这一变革，制定相关政策，推动教育体系更好地适应科技发展的步伐，以培养更具竞争力的人才。

总体而言，人工智能和大数据的应用使得教育变得更加个性化、智能化和实践化。这为学生提供了更多样化、富有挑战性的学习体验，为教育领域的不断创新和发展奠定了基础。在未来，这一趋势将持续推动着教育的进步，助力学生更好地迎接未来社会的挑战。

三、科技在职业培训中的应用案例

随着科技的迅猛发展，它在各个领域都有着深远的影响。在职业培训领域，科技的应用已经成为一种不可或缺的趋势。它不仅为学习者提供了更加便捷和高效的学习途径，还为培训机构和企业提供了更多的教育工具和数据分析手段。本书将探讨科技在职业培训中的应用案例，包括虚拟现实、人工智能、在线学习平台和数据分析等方面，以及这些应用对职业培训的影响和未来发展趋势。

（一）虚拟现实在职业培训中的应用

虚拟现实技术已经在职业培训中得到广泛应用，它能够为学员提供身临其境的学习体验，有助于更深入地理解和掌握各种职业技能。

1. 医疗行业的虚拟现实技术培训

在医疗行业，虚拟现实技术被用于医生和护士的培训。医学生可以通过虚拟现实仿真手术进行实践操作，而无需在患者身上进行练习。这种方式可以提高医护人员的技能水平，减少医疗事故的发生。

2. 飞行员培训

在航空业，虚拟现实技术被广泛用于飞行员的培训。飞行模拟器可以模拟各种飞行条件和紧急情况，帮助飞行员熟悉飞机的操控和应对突发情况。

3. 建筑和工程培训

在建筑和工程领域，虚拟现实技术可以用于培训工人和工程师。通过虚拟现实，他们可以亲身体验各种工程项目，了解施工过程，提高工作安全性，并减少误差。

虚拟现实在职业培训中的应用，不仅提高了培训的效率，还减少了潜在的风险。未来，随着虚拟现实技术的不断发展，它将在更多领域中得到应用。

（二）人工智能在职业培训中的应用

人工智能是另一个在职业培训中发挥巨大作用的技术。人工智能可以根据学员的需求和进度，提供个性化的学习体验，还可以帮助教育机构更好地管理和分析学生数据。

1. 个性化学习

人工智能可以分析学员的学习数据，了解他们的学习风格和需求，然后根据这些信息提供个性化的学习建议。这有助于学员更高效地学习，因为他们可以专注于自己最需要的知识点。

2. 智能辅导

一些在线学习平台已经引入了人工智能辅导系统，这些系统可以回答学员的问题，解释概念，还可以为学员提供定制的练习题和测试。这样，学员可以在没有教师的情况下获得个性化的辅导。

3. 教育数据分析

人工智能还可以用于教育数据分析，帮助教育机构更好地理解学生的表现和需求。通过分析大量的学习数据，机构可以提前发现学生的困难，并采取措施来帮助他们。

人工智能的应用不仅提高了学习效率，还为教育机构提供了更多的数据来改进课程和教学方法。未来，随着人工智能技术的不断进步，它将在职业培训中发挥更大的作用。

（三）在线学习平台的应用

在线学习平台已经成为职业培训的主要方式之一，它们提供了广泛的课程和培训资源，让学员可以随时随地学习。

1．开放式课程

一些大学和教育机构提供了开放式在线课程，如 Coursera、edX 和 Udacity。这些平台允许学员注册免费或付费的课程，获得与传统学校相媲美的教育资源。

2．行业认证

在线学习平台还提供了许多行业认证的课程，如 Google 的数字营销证书、Amazon 的云计算证书等。这些认证可以帮助学员提升自己的职业竞争力。

3．社交学习

一些在线学习平台还允许学员参与社交学习，与其他学员互动、分享经验和解决问题。这有助于建立学习社区，促进知识交流。

在线学习平台在职业培训中的应用，极大地拓展了学员获取知识的途径，并为他们提供了更灵活的学习体验。这种灵活性不仅有利于在职人员提升技能，还使得学习更加贴近实际工作需求。

（四）数据分析在职业培训中的应用

数据分析在职业培训中的应用，主要体现在对学员学习过程和成绩的监测、分析及培训课程的改进上。

1．学员学习行为分析

通过收集学员在学习平台上的数据，包括学习时长、课程进度、互动行为等，机构可以进行学员学习行为的分析。这有助于了解学员的学习习惯、兴趣点，为个性化学习提供依据。

2．成绩预测和干预

利用数据分析，可以建立模型来预测学员的学习成绩。一旦发现学员可能面临挑战，培训机构可以及时介入，提供额外的支持和资源，以提高学员的成功率。

3．课程改进

数据分析还可以帮助培训机构改进课程设计和教学方法。通过分析学员的反馈和学习成果，机构可以了解哪些部分需要改进，从而不断提升培训质量。

（五）科技在职业培训中的综合应用案例

综合运用虚拟现实、人工智能、在线学习平台和数据分析等技术，可以创建更为全面和高效的职业培训方案。

1. 虚拟实训平台

搭建一个基于虚拟现实技术的实训平台，例如用于医学专业的手术模拟平台。通过这个平台，学员可以在虚拟环境中进行手术实践，提高操作技能。人工智能可以对学员的操作进行实时评估和反馈，指导其改进。

2. 个性化人工智能辅导系统

在在线学习平台中整合个性化人工智能辅导系统，根据学员的学习数据和表现，为其提供定制的学习建议和辅导。这样的系统可以不断调整学习路径，确保学员能够高效地掌握所学知识。

3. 数据驱动的职业培训

建立一个数据驱动的培训体系，通过收集、分析学员和课程的数据，不仅能够为个体提供个性化服务，也能够为整个培训系统提供实时的改进方向。这需要利用数据分析技术挖掘潜在的规律和问题，并及时调整培训策略。

（六）科技在职业培训中的挑战和展望

尽管科技在职业培训中的应用带来了诸多优势，但也面临一些挑战。

1. 技术成本和设备要求

虚拟现实和人工智能等高级技术需要昂贵的设备和系统支持。培训机构和企业在引入这些技术时需要考虑投资成本，确保其可行性。

2. 数据隐私和安全问题

随着数据的大规模收集和分析，数据隐私和安全问题成为一大关切。培训机构需要采取措施确保学员的个人信息不被未授权的访问和泄露。

3. 技术更新和维护

科技的迅猛发展意味着技术的更新周期较短，培训机构需要不断更新设备和软件，保持其处于最新状态。这也需要额外的维护成本和人力投入。

未来，科技在职业培训中的应用将继续发展。随着技术的不断成熟和普及，这些挑战有望逐渐被克服。科技将更好地服务于职业培训，为学员提供更加便捷、高效和个性化的学习体验。

（七）未来发展趋势

随着科技的不断演进，职业培训领域的未来将呈现出一系列引人注目的发展趋势。

1. 强化现实的崛起

强化现实技术结合了虚拟信息和现实世界，为学员提供更为沉浸式的学习体验。在职业培训中，强化现实可以用于模拟实际工作场景，帮助学员更好地应对各种复杂任务。

2. 智能化学习助手

未来，人工智能助手将更加智能化，能够理解学员的学习需求，并提供更为个性化的学习建议。这可能包括更先进的语音识别技术和更自然的对话交互，使得学习过程更加流畅。

3. 区块链技术的应用

区块链技术可以用于建立安全的学历和技能认证系统。学员的培训成果、证书和学历可以被安全地存储在区块链上，保证真实性和不可篡改性，为个体提供更可靠的职业资历。

4. 自适应学习系统

未来的培训系统将更加自适应，能够根据学员的学习历史和需求调整课程内容和难度，以确保每个学员都能够在适合自己的学习轨迹上取得进展。

5. 跨平台互联

未来的职业培训将更加注重跨平台的互联，使得学员能够在不同设备上无缝切换学习，提高学习的便捷性和灵活性。

总体而言，未来科技在职业培训中的应用将更加全面和深入。这将有助于满足不同行业和职业的培训需求，为学员提供更加多样化、高效和创新的学习体验。

科技在职业培训中的应用案例丰富多样，从虚拟现实到人工智能，再到在线学习平台和数据分析，每一项技术都为学员提供了更为便捷、高效和个性化的学习方式。这些应用不仅提高了学员的学习体验，还为培训机构和企业提供了更多的工具来提升培训质量和效果。

然而，科技在职业培训中的应用也面临一系列挑战，包括技术成本、数据隐私和安全问题等。在克服这些挑战的过程中，未来的发展趋势将更加注重强化现实、智能化学习助手、区块链技术、自适应学习系统及跨平台互联等方向。

总的来说，科技在职业培训中的应用将继续推动培训领域的创新和发展。通过更加智能、个性化的学习方式，未来的职业培训有望更好地满足学员和行业的需求，为职业发展提供更为广阔的空间。

第四节 职业教育的新兴领域

一、新兴行业的职业需求

随着科技、社会和经济的发展，新兴行业在全球范围内不断涌现。这些新兴行业的崛起带来了全新的职业需求，推动了劳动力市场的变革。本书将探讨一些当前及未来新兴行业中的职业需求，涵盖了信息技术、绿色能源、生物技术和人工智能等多个领域。

（一）信息技术行业

信息技术（IT）行业是一个广泛而快速发展的领域，涵盖了计算机科学、软件开发、硬件制造、网络管理、数据存储与分析等多个方面。以下是关于信息技术行业的一些主要方面和趋势。

1. 软件开发和应用

软件开发是 IT 行业的核心领域之一。包括网站开发、移动应用程序开发、桌面应用程序等。近年来，云计算和微服务架构等新兴技术也在软件开发中得到广泛应用。

2. 人工智能和机器学习

人工智能和机器学习在 IT 行业中扮演着越来越重要的角色。这涉及数据分析、自然语言处理、计算机视觉等方面的应用，推动了许多创新和发展。

3. 云计算

云计算已成为许多组织的主要 IT 策略。通过云服务提供商，企业能够以更为灵活和经济高效的方式使用计算资源、存储和应用服务。

4. 大数据和数据分析

随着信息量的不断增长，处理和分析大数据变得至关重要。数据科学家和分析师通过从大数据中提取信息来帮助企业作出更明智的决策。

5. 网络安全

随着数字化的加速，网络安全问题变得尤为重要。企业需要采取措施来保护其信息资产，防范网络攻击和数据泄露。

6. 物联网

物联网是指互联网上连接的设备和传感器网络。这一领域的发展使得设备能够相互通信和协作，为智能城市、智能家居等领域带来了新的可能性。

7. 区块链技术

区块链是一种去中心化的分布式账本技术，可用于安全地记录交易。它在金融领域以外的许多领域，如供应链管理和数字身份验证等方面，也得到了广泛的关注。

8. 第五代移动通信技术

第五代移动通信技术的推出将带来更快的数据传输速度和更可靠的连接，从而推动了许多新的应用和服务的出现。

9. 数字化转型

许多公司正在进行数字化转型，通过采用先进的技术来改变其业务流程、服务和产品，以适应当今数字化的商业环境。

10. 远程工作和协作工具

远程工作的趋势在信息技术行业中尤为明显，加速了协作工具和远程技术的发展，使得团队能够更灵活地协同工作。

信息技术行业的变化非常迅速，需要专业人士不断学习和适应新的技术趋势。同时，随着技术的不断发展，伦理和安全等问题也日益受到关注。

（二）绿色能源与环保行业

绿色能源和环保行业是在应对气候变化、减少环境污染、提高资源利用效率等方面发挥关键作用的领域。以下是这两个领域的一些主要方面和趋势。

1. 可再生能源

绿色能源行业的核心是可再生能源，包括太阳能、风能、水能、生物能等。这些能源形式相对清洁，减少了对传统化石燃料的依赖，有助于减少温室气体排放。

2. 太阳能发电

太阳能技术的发展使得太阳能发电成为一种广泛采用的清洁能源。光伏电池的成本逐渐下降，效率逐渐提高，推动了太阳能行业的发展。

3. 风能

风能是另一种重要的可再生能源形式。现代风力涡轮机的技术不断改进，风能发电场在全球范围内得到了迅速发展。

4. 能源储存技术

可再生能源的不稳定性使得能源贮存技术变得至关重要。电池技术的进步，包括锂离子电池等，为能源的存储和分发提供了更好的解决方案。

5. 能源效率

节能和能源效率是环保行业的重要组成部分。企业和个人采取措施，通过使用更高效的设备、改进建筑设计等方式减少能源浪费。

6. 电动交通

电动汽车和电动交通工具的兴起对减少交通污染和依赖石油的国家有着积极的影响。这也推动了电动汽车充电基础设施的建设。

7. 废弃物管理和回收

环保行业致力于减少废弃物的产生，推动回收和再利用。这包括提高废弃物处理的效率和开发新的可回收材料。

8. 生态建筑和城市规划

生态建筑和城市规划致力于创造更环保的建筑和城市空间。这包括使用环保材料、提高建筑能效等。

9. 生态旅游

生态旅游是一种可持续的旅游方式，强调对环境的尊重和保护。这有助于促进环保观念的传播，减少对自然环境的负面影响。

10. 绿色金融

绿色金融是通过金融手段来促进可持续发展和环保项目的发展。包括可持续发展债券、环境保护基金等。

这两个领域的发展受到全球范围内对气候变化和环境问题的关注，政府、企业和个人都在积极寻找可持续的解决方案。

（三）生物技术与医疗行业

生物技术在医疗行业中扮演着至关重要的角色，它结合了生物学、化学、信息技术和工程学等多个领域的知识，用于改善医疗诊断、治疗和药物开发等方面。以下是一些生物技术在医疗领域中的应用。

1. 基因工程和基因疗法

生物技术允许科学家编辑、修复或替换人类基因，以治疗遗传性疾病。这种方法也被用于癌症治疗，通过改变癌细胞的基因来抑制其生长。

2. 生物制药

生物技术被广泛用于生产生物制剂，如单克隆抗体、疫苗和基因治疗药物。这些药物通常比化学合成药物更精确地针对疾病，减少了副作用。

3. 基因测序和个性化医学

生物技术的发展使基因测序成本大幅降低，促进了个体基因组的研究。这有助于医生更好地理解患者的遗传背景，并制定个性化的治疗方案。

4. 组织工程和再生医学

生物技术可用于培育和生产人工组织和器官，这对于替代损伤的组织或治疗器官移植等方面有重要意义。

5. 疫苗研发和生产

生物技术在疫苗研究和生产中发挥着关键作用，特别是在应对传染性疾病和全球大流行病毒方面。

6. 肿瘤免疫疗法

生物技术被用于开发肿瘤免疫疗法，这些疗法可以增强患者的免疫系统来打击癌症细胞。

7. 快速诊断技术

生物技术有助于开发快速和高灵敏度的诊断方法，用于检测各种疾病，包括感染性疾病、癌症和遗传性疾病。

8. 数据分析和生物信息学

生物技术需要处理大量的生物数据，因此生物信息学和数据分析工具变得至关重要，以帮助科学家理解和解释这些数据。

总的来说，生物技术的不断发展给医疗行业带来了巨大的变革，提高了诊断准确性、治疗效果和药物研发的速度。它有望继续推动医学领域的创新，改善人类健康。

（四）人工智能与机器学习行业

人工智能和机器学习是当今科技领域最引人注目的领域之一。它们在各种行业中都有广泛的应用，推动了许多创新和变革。以下是人工智能与机器学习在行业中的一些主要应用。

1. 医疗保健行业

（1）诊断和预测：人工智能和机器学习可用于图像识别，帮助医生更准确地诊断疾病，例如癌症和眼疾。

（2）个性化治疗：基于患者的遗传信息和医疗历史，可以使用机器学习算法为患者提供个性化的治疗建议。

2. 金融服务行业

（1）风险管理：机器学习用于分析金融市场数据，预测风险并制定投资策略。

（2）欺诈检测：人工智能可识别不寻常的交易模式，以便及早发现可能的欺诈行为。

3. 零售业

（1）推荐系统：许多电商平台使用机器学习算法来分析用户行为，提供个性化的产品推荐。

（2）库存管理：人工智能可以通过分析历史销售数据和趋势，优化库存管理和供应链。

4. 制造业

（1）预测性维护：机器学习可分析设备传感器数据，提前预测设备故障，从而实现更有效的设备维护。

（2）生产优化：人工智能可优化生产流程，提高生产效率和质量。

5. 交通与物流

（1）路径规划：人工智能用于优化交通流，提供最佳路径规划，减少交通拥堵。

（2）物流优化：机器学习可提高货物运输的效率，减少成本，并提供实时的物流跟踪。

6. 教育行业

（1）个性化教育：人工智能和机器学习可根据学生的学习风格和需求提供个性化的教育体验。

（2）智能辅助教育：人工智能工具可以月于辅助教学，提供智能化的教学资源。

7. 能源领域

能源管理：人工智能可用于优化能源消耗，提高能源利用效率，以及预测能源需求。

8. 媒体与娱乐

（1）内容推荐：机器学习用于分析用户的喜好和行为，提供个性化的媒体和娱乐内容。

（2）图像和语音识别：人工智能在图像和语音处理方面有广泛应用，改善了媒体制作和体验。

总体而言，人工智能和机器学习的发展不仅推动了各个行业的创新，也改变了我们对数据分析和决策支持的看法。这两者在未来将继续发挥关键作用，推动技术和社会的进步。

（五）新兴金融科技行业

新兴金融科技行业是指那些通过技术创新和数字化手段，重新定义和改善传统金融服务的公司和服务。以下是新兴金融科技行业的一些关键方面和趋势。

1. 数字支付和移动银行

（1）数字支付平台：具有创新支付解决方案的公司，如支付宝、微信支付等。

（2）移动银行：提供全面的金融服务，包括储蓄账户、贷款和投资，而无需传统银行的实体分支。

2. 加密货币和区块链

（1）加密货币：包括比特币、以太坊等，提供去中心化的数字货币和智能合约。

（2）区块链技术：用于提高交易的透明性、安全性和效率，被应用于跨境支付、智能合约和供应链金融等领域。

3．智能投顾和量化交易

（1）智能投顾：利用机器学习和人工智能为投资者提供个性化的投资建议。

（2）量化交易：使用算法和数据分析来执行交易，以提高投资组合的收益和降低风险。

4．点对点（P2P）贷款

P2P 借贷平台：提供在线借贷服务，将借款人和投资者直接连接，绕过传统金融机构。

5．数字身份和身份验证

（1）生物识别技术：如指纹识别、面部识别等，用于身份验证。

（2）数字身份管理：提供更安全、便捷的身份验证和管理解决方案。

6．保险科技

（1）智能保单定价：利用大数据分析来确定保险费率。

（2）数字理赔处理：使用图像识别和数据分析简化和加速理赔处理过程。

7．监管科技

（1）合规和监管报告：利用技术简化金融机构的合规流程和监管报告。

（2）风险管理：使用数据分析和模型来识别潜在的风险和合规问题。

8．人工智能在金融中的应用

（1）虚拟助手和聊天机器人：用于客户服务和支持。

（2）预测分析：利用机器学习算法分析市场趋势和客户行为。

这些新兴金融科技趋势正在改变传统金融服务的提供方式，提高效率、降低成本，并提供更加灵活和个性化的解决方案。随着技术的不断发展，新兴金融科技行业有望继续迎来创新和变革。

（六）新兴媒体与内容创作行业

新兴媒体和内容创作行业在数字时代迎来了巨大的变革和机遇。以下是一些关于这两个领域的趋势和重要方面。

1. 新兴媒体

（1）社交媒体的崛起：社交媒体平台如 Facebook、Instagram、Twitter 等已成为信息传播和内容分享的主要渠道。内容创作者通过这些平台能够直接与观众互动，建立品牌和社群。

（2）视频内容的流行：视频已经成为最受欢迎的媒体形式之一，特别是短视频和直播。平台如 YouTube、TikTok，以及实时直播平台为创作者提供了更直接的连接方式。

（3）虚拟现实和增强现实：虚拟现实和增强现实技术为新兴媒体带来了全新的可能性，如虚拟演唱会、虚拟展览等。这为内容创作者提供了更具创意的表达方式。

（4）订阅和付费模式：越来越多的新兴媒体平台采用订阅和付费模式，提供更高质量、独家或广告免费的内容。这使得创作者能够直接从其创作中获益。

（5）人工智能的运用：人工智能在内容推荐、生产和分析方面发挥着越来越重要的作用。这有助于平台更好地了解用户需求，提供更个性化的体验。

2. 内容创作行业

（1）多平台策略：内容创作者通常会采用多平台策略，将其内容发布在不同的渠道上，以扩大观众基础。

（2）用户生成内容（UGC）：UGC 变得越来越重要，用户通过社交媒体和其他平台分享自己的创意，与品牌和其他创作者建立联系。

（3）品牌合作：创作者与品牌之间的合作关系变得更加密切。品牌通过赞助、广告或合作来利用创作者的影响力。

（4）多媒体创作：创作者不再局限于一种媒体形式。他们可能同时涉足文字、图像、音频和视频等多个领域，以满足不同用户的需求。

（5）创意产业融合：内容创作者与技术、设计、音乐等领域的专业人才之间的合作变得更加常见，创意产业之间的融合为新的创意形式开辟了道路。

总体而言，新兴媒体和内容创作行业的发展呈现出多元化和快速变革的趋势。这为创作者提供了更多的机会，同时也提出了更多的挑战，包括发现新的变现模式、与观众建立更深层次的关系等。

（七）健康科技行业

健康科技行业是指结合科技和医疗领域，通过创新技术来提高医疗服务、改善患者体验和优化健康管理的领域。以下是健康科技行业的一些重要趋势和关键方面。

1. 数字化医疗

（1）电子病历和电子健康记录：医疗机构采用数字化记录患者信息，可以提高数据交流效率，减少错误，并支持更好的卫生保健决策。

（2）远程医疗和电子健康：远程医疗技术和电子健康应用使患者能够在家庭环境中监测健康状况，医生也能够通过远程技术进行诊断和治疗。

2. 健康数据和分析

（1）大数据分析：利用大数据技术分析医疗记录、基因数据等，帮助医疗专业人员更好地了解疾病模式、预测疾病发展趋势，以及制订个性化的治疗计划。

（2）人工智能在医疗中的应用：人工智能技术用于图像识别、疾病诊断、药物研发等方面，加速医疗创新和提高治疗效果。

3. 健康管理和监测

（1）可穿戴技术：智能手表、健康监测器等设备可以实时监测生理参数，帮助用户更好地了解自己的健康状况。

（2）健康管理应用：应用程序提供个性化的健康建议、营养信息、运动计划等，帮助用户维持健康生活方式。

4. 云医疗和区块链

（1）云计算在医疗中的应用：医疗数据存储在云端，方便医生和患者随时随地访问，并提高数据的安全性和可靠性。

（2）区块链技术：用于安全存储患者数据、药物溯源、病例管理等，提高数据的透明度和安全性。

5. 创新医疗设备

（1）机器人辅助手术：机器人在手术中的应用，提高手术精准度和减少患者的创伤。

（2）3D 打印技术：用于制造个性化的假体、医疗设备，以及重建受损组织。

6. 法规和隐私

（1）数据隐私和安全：随着医疗数据的数字化，确保患者数据的隐私和安全变得尤为重要。

（2）法规合规：行业需要遵循不断发展的法规，以确保技术的可持续发展并保护患者的权益。

总体而言，健康科技行业融合了医疗和技术的最新创新，为改善医疗服务、提高患者体验和优化健康管理提供了巨大的机遇。这些技术的发展有望促进更有效、更负担得起的医疗保健的发展，同时也需要应对隐私、伦理和法规等方面的挑战。

（八）教育科技行业

教育科技行业是指在教育领域应用技术和创新，以提高学习效果、拓展教学渠道和改善教育体验。以下是教育科技行业的一些关键方面和趋势。

1. 在线学习和远程教育

（1）在线学习平台：提供课程内容、在线测验和学习资源的平台，如Coursera、edX、Udemy 等。

（2）虚拟课堂和远程教育工具：利用视频会议、在线讨论等技术，使教育可以在全球范围内进行。

2. 创新学习工具

（1）自适应学习系统：基于学生的学习表现和需求，调整教学内容和方法，提供个性化学习体验。

（2）虚拟现实和增强现实：利用虚拟现实和增强现实技术创造沉浸式学习体验，使学生更深入地理解抽象概念。

3. 数据分析和人工智能

（1）学习分析：利用大数据分析和机器学习来追踪学生的学习进展，提供实时反馈，并提出个性化的学习建议。

（2）智能辅助教学：教育机构采用人工智能技术来开发智能教育工具，如智能教辅、智能导师等。

4. 在线评估和认证

（1）在线考试和认证：提供远程监考和在线考试系统，以及颁发在线学习证书和学位。

（2）区块链技术在教育认证中的应用：通过区块链技术确保学历和证书的真实性，提高可信度。

5. 科技融入教育体验

（1）互动教学：利用互动白板、在线投票系统等工具，实现学生与教学内容的互动。

（2）移动学习：提供适应各种设备的学习应用，使学生能够随时随地学习。

6. 编程和 STEM 教育

（1）编程教育：培养学生的计算思维和编程能力，为未来科技行业培养人才。

（2）STEM 教育：强调科学、技术、工程和数学的综合学科教育，培养学生的跨学科能力。

7. 语言学习和在线辅导

（1）在线语言学习：提供多语种学习平台，帮助学生提高语言能力。

（2）在线辅导服务：通过在线平台提供一对一辅导服务，帮助学生解决学科问题。

8. 社交学习和协作工具

（1）在线社交平台：提供学生之间交流和协作的空间，促进共同学习和互动。

（2）协作工具：提供在线团队项目管理、文档共享等工具，方便学生合作完成任务。

教育科技的发展为学生提供了更加灵活和个性化的学习方式，同时也提高了教育的普及程度。然而，教育科技行业也面临一些挑战，包括确保技术的平等使用、数据隐私和安全等问题。这个行业的未来很有潜力，将继续推动教育方式的创新和发展。

（九）航天与航空行业

航天与航空行业是两个相互关联但又独立的领域，都涉及飞行技术、空中交通、航空器制造、导航技术等方面。以下是关于这两个行业的一些重要方面。

1. 航空行业

（1）飞机制造与设计：航空行业包括设计、制造和维护各种类型的飞机，包括商用飞机、军用飞机、无人机等。

（2）空中交通管理：空中交通控制系统负责确保飞机在空中的安全运行，包括航线规划、飞行高度控制、空中交通管制等。

（3）航空运输服务：这包括航空公司、机场和相关的地勤服务，为旅客和货物提供安全、高效的运输服务。

（4）航空燃料和环保：行业关注研发更环保的飞机、燃料和引擎技术，以减少对环境的影响。

（5）航空安全：航空行业不断努力提高飞行的安全性，包括技术创新、培训和监管。

2. 航天行业

（1）卫星制造与发射：航天行业设计、制造和发射卫星，用于通信、气象预测、地球观测、导航等用途。

（2）太空探索与科学研究：航天行业进行太空探索，包括载人和无人探测器的发射，以研究太阳系、地球和宇宙的各个方面。

（3）国际空间站：国际空间站（ISS）是一个由多个国家合作建设和运营的太空实验室，用于进行科学实验和空间技术测试。

（4）商业太空旅游：随着技术的进步，一些公司开始计划商业太空旅游，为私人和游客提供太空体验。

（5）太空资源开发：部分航天公司探索太空资源开发，包括在其他星球上采矿和利用行星资源。

3. 共同的挑战和趋势

（1）新技术的采用：无人机技术、电动飞行器、先进材料等技术的发展对航空和航天行业都具有重要意义。

（2）环保和可持续性：行业关注减少碳足迹、提高燃油效率和推动环保创新。

（3）自动化和人工智能：自动驾驶技术、自主飞行器和人工智能在航空和航天领域都有广泛的应用。

（4）太空旅游的兴起：随着太空旅游的兴起，私人公司致力于提供将普通人送入太空的服务。

（5）国际合作：国际合作在航空和航天领域是普遍的，特别是在太空探索和国际项目方面。

航空与航天行业是现代技术和工程领域中最为前沿和复杂的领域之一，对经济、科学和国家安全都有着深远的影响。它们不断面临挑战，同时也在技术和创新方面迎来新的机遇。

（十）人类-机器协作行业

人类-机器协作是一种新兴的工作模式，涉及人类与机器之间相互合作，共同完成任务和工作。这种合作可以出现在多个领域，包括制造业、医疗保健、客户服务、教育等。以下是一些关于人类-机器协作行业的主要方面。

1. 制造业和物流

人类与机器协同工作，能提高生产效率、减少错误。自动化设备和机器人可以执行危险、烦琐或重复性任务，而人类可以专注于更复杂的决策和监管任务。

2. 医疗保健

机器人和智能系统可以协助医生进行手术、诊断和治疗。在病历管理和患者监测方面，人工智能系统可以提供更快速和准确的分析。

3. 客户服务

机器人和虚拟助手可以在客户服务中提供支持，回答常见问题，处理简单的事务。进一步发展的系统可能能够处理更复杂的客户需求，提高服务效率。

4. 教育

智能教育平台可以根据学生的需求提供个性化的学习体验。机器人辅助教学可以提供更多的资源和交互性，帮助学生更好地理解和掌握知识。

5. 金融业

机器学习和自动化可以用于风险管理、投资分析和客户服务。智能算法可以帮助制定更好的金融决策，提高交易效率。

6. 科学研究

人类和机器可以协同进行科学实验和数据分析，加速新发现的过程。机器学习在生物、化学、物理等领域的应用有助于挖掘更多知识。

7. 农业

无人机、传感器和自动化装置可用于监测农田、优化种植和收获过程。数据分析和预测模型有助于农民作出更明智的决策。

8. 社交媒体和娱乐

机器学习可用于内容推荐、用户体验优化和虚拟助手开发。虚拟人物和人工智能角色可以在游戏、虚拟现实和娱乐应用中提供更真实的体验。

在这些领域，关键的挑战之一是确保人类和机器之间的协作是有效且安全的。同时，伦理和隐私问题也是需要认真考虑的因素，以确保技术的发展符合社会的期望和价值观。

（十一）新材料与制造业

新材料在制造业中扮演着关键的角色，对产品性能、生产效率和环境影响产生深远的影响。以下是新材料对制造业的一些重要影响和趋势。

1. 轻量化材料

轻量化材料如碳纤维复合材料、高强度铝合金等广泛应用于汽车、航空航天和其他交通工具的制造中。这有助于减轻车辆重量，提高燃油效率，减少排放。轻量化还有助于改善电池技术，推动电动车辆的发展。

2. 先进的复合材料

先进的复合材料，如纳米材料、聚合物基复合材料等，具有卓越的力学性能和多功能性。它们在航空航天、建筑、体育用品等领域得到广泛应用。

3. 3D 打印技术

3D 打印技术使得以前难以制造的复杂结构成为可能，加速了产品开发和原型制作的过程。这种技术还可以实现定制化生产，减少废料产生，提高生产效率。

4. 可持续性材料

制造业越来越关注可持续性，推动使用可再生材料、生物降解材料和循环利用材料。绿色材料的应用有助于减少对环境的负面影响，并符合全球可持续发展的目标。

5. 智能材料

智能材料能够响应外部刺激，具有自感知、自修复、自适应等特性。这类材料在航空航天、建筑和电子设备中的应用有望提高系统的稳定性和寿命。

6. 纳米材料

纳米技术的发展带来了纳米材料的应用，这些材料具有特殊的性能，例如强度、导电性和磁性。在电子、医疗器械和材料科学领域，纳米材料展现出巨大的潜力。

7. 智能制造

智能制造采用先进的传感器、机器学习和自动化技术，实现生产过程的监控和优化。制造业越来越关注数字化、网络化和智能化的转型，以提高生产效率和灵活性。

8. 材料设计和计算模拟

先进的计算模拟和材料设计技术使制造商能够更快速地开发新材料，并理解材料在不同环境下的性能。这些趋势共同推动了制造业的发展，带来了更高效、可持续和创新的生产方式。然而，同时也需要处理与新材料使用相关的技术、经济和环境挑战。

（十二）气候变化与环境保护领域

1. 气候数据分析师

随着气候变化的加剧，气候数据分析师通过分析气候数据，提供气候变化趋势和模型，为决策者提供信息支持。

2. 可持续性专家

可持续性专家致力于推动可持续发展，通过制定环保政策、管理资源和提供可持续性咨询服务等方式推进环保事业。

3. 气候变化政策分析师

在政府和非政府组织中，气候变化政策分析师负责研究、评估和制定与气候变化相关的政策。

4. 环境监测工程师

环境监测工程师设计和管理环境监测系统，监测空气、水、土壤等环境要素，确保环境质量符合标准。

新兴行业的职业需求反映了全球经济和社会的变革。信息技术、绿色能源、生物技术、人工智能、新兴金融科技等行业的崛起，推动了各类新职业的出现。这些新兴行业不仅为就业市场注入了新的动力，同时也为劳动力提供了更多多样化的发展机会。随着科技不断发展和社会需求的变化，新兴行业的职业需求将继续演变，需要从业者具备跨学科的知识和灵活的适应能力，以更好地适应未来职场的挑战。

二、跨学科职业教育的探索

随着社会的不断发展和科技的迅猛进步，职业领域的要求变得越来越多样和复杂。为了培养适应多元化职业需求的专业人才，跨学科职业教育逐渐成为教育领域的关键课题。本书将探讨跨学科职业教育的概念、重要性及实施过程中的挑战与机遇。

（一）跨学科职业教育的概念

跨学科职业教育是一种教育理念和实践，旨在将不同学科领域的知识和技能融合，为学生提供更全面、综合的职业培训和教育。这种教育方法超越传统的学科边界，强调整合性的学习体验，使学生能够更好地应对复杂多样的现实职业挑战。以下是跨学科职业教育的一些关键概念和特点。

1. 整合学科知识

跨学科职业教育通过将不同学科的知识和技能有机地整合在一起，帮助学生建立更为综合和全面的理解。这有助于培养跨学科思维，使学生能够更好地处理真实世界中的问题和挑战。

2. 实际应用导向

重视将理论知识与实际应用相结合。学生通过项目、实习、案例研究等实际经验，将所学知识应用于实际问题，提高解决问题的能力。

3. 团队合作和沟通

跨学科教育通常鼓励学生在跨学科团队口合作，培养团队合作和有效沟通的能力。这是因为真实职业环境中，合作和沟通对于解决问题和实现项目目标至关重要。

4. 解决实际问题

通过面向实际问题的学习，学生能够培养解决问题的能力。这种问题导向的方法有助于将学术知识应用于实际情境中，并激发创新思维。

5. 多样性和包容性

跨学科教育倡导接纳多样性的思维和观点。通过将来自不同背景和领域的学生汇聚在一起，促使他们从不同的角度思考问题，丰富学习经验。

6. 持续学习和适应性

跨学科职业教育强调培养学生终身学习的意识和能力。由于现实职业环境的不断变化，学生需要具备适应新情境、新技术和新知识的能力。

跨学科职业教育有助于培养具备广泛技能和综合视野的专业人才，更好地适应不断变化的职业需求。这种综合性的教育方法有助于打破传统学科的局限，为学生提供更为全面和有深度的教育体验。

（二）跨学科职业教育的重要性

跨学科职业教育在当今社会和职业环境中变得越来越重要，具有多方面的价值和影响，以下是一些关键方面。

1. 综合性思维和解决问题的能力

跨学科教育培养学生具备跨足多学科领域的思维和技能，使他们能够更全面、灵活地思考问题，有效地解决复杂的实际问题。

2. 应对复杂挑战

现代职业环境充满了复杂性和不确定性。跨学科教育使学生能够适应这些挑战，因为他们不仅了解一个学科的知识，还能将多个学科的知识整合运用。

3. 实际应用导向

跨学科教育注重将学科知识与实际应用相结合，使学生在解决实际问题时能够灵活运用他们所学的理论知识。

4. 团队合作和沟通

跨学科团队合作是一个共同的特点，培养学生在跨学科环境中有效合作和沟通的技能。这是在职业生涯中非常重要的一项能力。

5. 创新和创意

通过将不同领域的知识相结合，跨学科教育能够激发学生的创新和创意思维。这对于应对不断变化的经济和科技环境至关重要。

6. 适应性和终身学习

跨学科教育培养学生使其具备适应性，使他们能够快速适应新技术、新领域和新挑战。这也强调了终身学习的重要性，帮助个体在整个职业生涯中保持竞争力。

7. 多样性和包容性

通过将来自不同文化和学科背景的学生融入同一个学习环境，跨学科教育使学生更能够理解和尊重不同观点。

8. 满足行业需求

许多行业和职业领域越来越需要具备多学科技能的专业人才。跨学科教育使学生更容易适应这些行业的需求，增加他们在就业市场上的竞争力。

总体而言，跨学科职业教育为学生提供了更为全面、灵活和实用的技能，使他们能够更好地适应现代职业生涯的挑战和机会。

（三）实施跨学科职业教育的挑战与机遇

1. 挑战

（1）学科之间的壁垒：传统教育体系中，学科之间存在严格的划分，师生更容易陷入狭隘的学科专业领域，难以进行深度的跨学科学习。

（2）教师培训与激励：跨学科教育需要教师具备跨学科教学的能力，而传统的教育培训和激励机制可能无法完全支持这一点。

（3）课程设计的复杂性：开发和设计跨学科课程需要教育者投入更多的时间和精力，同时需要解决课程融合、学科整合等方面的复杂问题。

2. 机遇

（1）技术支持：新兴的技术手段，如虚拟现实、在线学习平台和大数据分析等，为跨学科教育提供了更多可能性，帮助实现学科的整合。

（2）跨界合作与合作项目：跨学科职业教育在企业、学术机构和社会组织之间建立合作项目，共同开发课程和培训方案，可以为学生提供更丰富的学科体验。

（3）全球化视野：跨学科职业教育有助于培养学生的全球化视野，使他们更好地适应国际化的就业环境，开展国际性的研究和合作。

（4）学科交叉和学术研究：鼓励学术界展开更多的学科交叉研究，促使不同领域的学者进行深入合作，推动学科边界的拓展。

（四）跨学科职业教育的实施策略

实施跨学科职业教育需要设计一系列策略，以确保学生能够充分受益并培养他们所需的综合性技能。以下是一些实施策略的示例。

1. 制定清晰的目标和愿景

学校或教育机构应该明确跨学科职业教育的目标和愿景。这可以包括明确定义的学习目标、培养学科整合能力，以及强调实际应用和解决问题的重要性。

2. 跨学科团队教学

教师和教育机构可以采用跨学科团队教学的方法，让来自不同学科背景的教师协同合作，设计和实施综合性的课程。这有助于学生从多个学科融合的角度学习。

3. 项目驱动学习

强调项目驱动学习，使学生能够通过实际项目应用他们所学的知识。这种方法有助于培养解决问题的能力和实际应用技能。

4. 实习和实践经验

提供实习和实践机会，使学生能够在真实的职业环境中应用他们所学的知识。这有助于连接学术理论和实际工作，促使学生更好地了解行业要求。

5. 技术和工具的整合

利用现代技术和工具，为学生提供更广泛的资源和学习机会。这包括在线学习平台、虚拟实验室、远程合作工具等。

6. 评估和反馈

开发全面的评估方法，以评估学生在不同学科领域的综合能力。定期提供反馈，帮助学生了解他们的优势和改进的空间。

7. 跨学科导师制度

设立跨学科导师制度，为学生提供有经验的导师，引导他们在不同学科领域中发展能力。导师可以为学生提供指导，帮助他们规划职业发展。

8. 社会合作和行业参与

与行业合作，确保课程与实际职业需求相符。邀请行业专业人士来校园演讲、组织研讨会，或提供实践指导。

9. 多元化学生群体

力求学生群体的多元化，包括来自不同文化、学科和背景的学生。这有助于创造更富有创意和包容性的学习环境。

10. 终身学习文化

培育学生终身学习的文化，使他们认识到不断学习和适应是职业成功的关键。

这些策略的结合可以帮助确保跨学科职业教育的有效实施，从而更好地为学生提供全面的、与实际相关的教育体验。

（五）未来展望与挑战

1. 未来展望

（1）深化跨学科整合：随着社会问题的日益复杂，跨学科整合将更加深入，不同领域的知识将更紧密地结合在一起。

（2）数字化技术的发展：随着数字化技术的发展，虚拟现实、人工智能等技术将为跨学科教育提供更多创新的教学手段。

2. 挑战

（1）课程质量保障：跨学科教育需要面临如何保障课程质量的问题，确保学生在不同学科中都能够获得有效的学习经验。

（2）师资队伍建设：师资队伍的跨学科素养需要进一步提升，以更好地适应跨学科教育的需求。

（3）评价标准的制定：制定全面而灵活的评价标准，既能够考核学科知识，又能够评估学生的跨学科能力。

跨学科职业教育的发展是应对当今社会复杂性挑战的重要途径。通过整合不同学科的知识和技能，跨学科教育有望培养出更具创新力和解决问题能力的专业人才。然而,实施跨学科职业教育并非一帆风顺,需要克服一系列挑战。

首先,跨学科职业教育需要面对学科之间的传统壁垒。传统的教育系统通常以学科为基础,学科之间存在严格的划分。要实现跨学科教育,需要突破这些界限,促使教育者和学生能够在多学科的交叉领域中自由探索和学习。

其次,教师培训和激励机制也是一个挑战。教师在跨学科教育中需要具备更宽广的知识视野和更强的教学能力。因此,培训教师以适应跨学科教育的要求至关重要。同时,教师激励机制也需要调整,以鼓励他们积极参与跨学科教学。

最后,课程设计的复杂性是另一个需要克服的挑战。跨学科课程需要考虑如何融合不同学科的知识,确保课程既有深度又能够满足学生的学科整合需求。这需要教育者在设计过程中付出更多的心血,以确保课程的质量和有效性。

跨学科职业教育也有许多机遇。新兴的技术手段,如虚拟现实、在线学习平台等,为实现跨学科教育提供了更多可能性。全球化视野的提升和学科交叉研究的推动,都为跨学科教育创造了有利条件。

实施跨学科职业教育的关键在于采取综合性的策略。首先,学校和教育机构需要积极创造跨学科学习的环境,包括设置跨学科课程、建立跨学科研究中心等。其次,教育者需要进行跨学科教育的专业培训,提升他们的教学水平和跨学科整合能力。最后,学校还可以通过引入跨学科评价体系,综合考核学生在不同学科中的表现,从而更全面地了解他们的学业水平。

在未来,跨学科职业教育将继续在全球范围内发展。随着社会对复杂问题解决能力的需求不断增加,跨学科教育将成为培养未来专业人才的重要途径之一。通过克服挑战,利用机遇,跨学科职业教育有望为学生提供更全面、更具创新力的教育体验,使他们更好地应对未来职业和社会的变化。

三、职业教育创新的先进模式

随着社会的发展和经济结构的变革,职业教育作为培养技术与实践型人才的主要途径，也在不断进行创新和改革。先进的职业教育模式旨在更好地满足学生和社会的需求，提高人才培养的质量和效果。本书将探讨一些先进的职业教育创新模式，包括行业与企业合作模式、技术驱动模式和创业教育模式等，并分析它们的特点、优势及在实际应用中的挑战。

（一）行业与企业合作模式

行业与企业合作模式是一种职业教育与实际工作紧密结合的模式，通过与行业和企业建立合作关系，将实际工作场景融入到教育过程中。

1. 特点

（1）实践导向：该模式强调实践操作，促学生能够在真实工作环境中应用所学知识。

（2）定制化课程：根据行业需求，定制课程内容，确保学生获得符合市场需求的技能。

（3）导师制度：建立导师制度，由行业专业人士担任导师，指导学生职业发展，促进学生实践能力的提升。

2. 优势

（1）就业竞争力提升：学生毕业时已具备实际工作经验，增加就业竞争力。

（2）紧密符合市场需求：课程内容根据市场需求调整，确保学生掌握最新的职业技能。

（3）顺应产业发展：与企业合作，能够更好地顺应产业发展趋势，培养适应市场变化的人才。

3. 挑战

（1）合作难度：与企业合作需要耗费大量时间和资源，有时难以建立紧密的合作关系。

（2）市场变化：需要及时调整课程内容以适应市场的快速变化，管理上存在一定困难。

（二）技术驱动模式

技术驱动模式是以先进技术手段为支撑，将新兴技术融入职业教育中，促使学生掌握相关技能。

1. 特点

（1）数字化教育：利用数字化技术，如在线课程、虚拟实验室等，提供更灵活的学习方式。

（2）智能化辅助教学：利用人工智能技术进行个性化教学，根据学生的学习情况进行定制化指导。

（3）实践性项目：结合虚拟现实、仿真技术，提供实践性项目，加强学生的实际操作能力。

2．优势

（1）适应数字时代：技术驱动模式可以更好地适应数字时代的教育需求，培养学生的数字素养。

（2）全球化学习：学生可以通过在线课程与全球范围内的其他学生共同学习，促进国际化交流。

（3）实时反馈：利用技术手段能够给学生提供实时反馈，帮助他们更好地理解和掌握知识。

3．挑战

（1）技术投入：需要大量的技术投入，包括教学平台建设、设备更新等。

（2）面临技术落后风险：技术更新迅速，教育机构需要不断跟进，以免面临技术过时的风险。

（三）创业教育模式

创业教育模式注重培养学生的创新创业精神，通过开设创业课程、提供创业资源等方式，激发学生创业兴趣和能力。

1．特点

（1）创新创业课程：设计创新创业相关课程，教授创业理论和实践经验。

（2）创业实践：提供创业实践机会，如创业实训、创业比赛等，让学生在实际中学习创业技能。

（3）创业导师：邀请成功创业者担任导师，为学生提供创业指导和经验分享。

2．优势

（1）培养创新意识：帮助学生树立创新意识，培养解决问题和创造价值的能力。

（2）提升就业竞争力：创业经历对于学生未来就业具有积极影响，可以提高学生的竞争力，同时也培养了学生的自主性和领导能力。

（3）社会价值：创业教育有助于培养学生对社会问题的敏感性，引导他们关注社会需求，通过创业来解决实际问题。

3．挑战

（1）风险管理：创业涉及较高的风险，学校需要制定完善的风险管理机制，确保学生在创业过程中不会面临重大风险。

（2）资源不足：有些学校缺乏足够的资源支持创业教育，包括导师资源、创业基金等。

（四）全球合作与交流模式

全球合作与交流模式通过与国际教育机构、企业建立紧密的合作关系，使学生能够获得更广泛的国际化教育体验。

1．特点

（1）国际课程：设计国际化课程，引入国际先进的教学理念和方法。

（2）交换项目：提供国际交流和实习机会，让学生能够在不同文化背景中学习和实践。

（3）双学位项目：与国际院校合作开设双学位项目，使学生获得国际认可的学历。

2．优势

（1）拓宽国际视野：使学生能够接触到国际先进的教育理念和职业发展机会，拓宽国际视野。

（2）培养国际化人才：培养具备国际竞争力的人才，适应全球化时代的职业发展需求。

（3）跨文化沟通：通过与国际同学和导师的交流，提升学生的跨文化沟通能力。

3．挑战

（1）语言障碍：学生可能面临语言障碍，需要提供语言培训和支持。

（2）文化差异：不同文化背景之间存在差异，学生需要适应不同的文化环境，可能面临文化冲突。

（五）个性化学习模式

个性化学习模式是一种根据学习者的个体差异和需求，为其提供定制化的学习体验的模式。这种模式的目标是通过适应性、灵活性和个性化的教学方式，更好地满足学生的学习需求，提高学习效果。以下是一些个性化学习模式的关键特征。

1. 自适应学习路径

基于学生的先前知识水平、学习风格和兴趣，系统能够自动调整学习路径和内容，以更好地适应个体学生的需求。

2. 个性化教材

使用个性化教材，根据学生的水平和兴趣，提供更有针对性的学习资源。这可以包括文本、视频和音频等多种形式的教学材料。

3. 实时反馈

提供实时的反馈，帮助学生了解自己的学习进度和弱点。这样的反馈可以来自教师、同学或学习平台上的自动化系统。

4. 协作学习和社交学习

通过协作学习和社交学习的方式，鼓励学生之间的互动和知识分享。这有助于更好地理解和应用学习材料。

5. 技术支持

利用技术工具，如人工智能、机器学习等，为学生提供更个性化、针对性的学习建议和辅导。

6. 灵活学习时间和地点

允许学生在适合他们的时间和地点学习，提高学习的便捷性和舒适度。

7. 个性化评估

根据学生的能力和学习进度，调整评估方式，确保评估更贴近实际的学习成果。

8. 目标设定

协助学生设定个人学习目标，并提供相应的支持和资源，以帮助他们实现目标。

9. 多元化学习体验

提供多样的学习体验，包括虚拟现实、游戏化学习等，以吸引学生的兴趣，激发学习动力。

10. 个人发展规划

支持学生进行个人发展规划，考虑其职业兴趣、技能需求等因素，以更好地为将来的职业生涯做准备。

这些特征的结合可以创建一个更灵活、适应性强和针对性更强的学习环境，更好地满足不同学生的需求。在实际应用中，个性化学习模式可以通过在线学习平台、教育科技工具和创新的教学方法来实现。

（六）社区参与与服务学习模式

社区参与与服务学习模式是一种教育方法，旨在将学生与社区联系起来，通过参与社区服务来促进学习和个人发展。这种模式强调学生在实际环境中应用所学知识，同时为社会作出贡献。以下是一些关键特征和优势。

1. 特征

（1）实践性学习：学生通过实际参与社区服务项目，将课堂理论知识应用到实际生活中。

（2）社会责任：强调培养学生的社会责任感，使其认识到自己的行为对社会的影响。

（3）合作与团队合作：学生通常以小组形式参与项目，培养团队协作和沟通技能。

（4）反思与评估：鼓励学生反思他们的学习经验，从中提取知识，并评估他们的贡献和成长。

（5）跨学科：服务学习通常涉及多个学科，促使学生从不同角度看待问题。

2. 优势

（1）实际应用技能：学生通过参与服务项目，获得实际的经验，提高解决问题和应用知识的能力。

（2）社区建设：通过服务社区，学生有机会建立关系，增强社区凝聚力，促进社区发展。

（3）个人成长：学生在服务学习中培养领导力、批判性思维和解决问题的能力，促进个人成长。

（4）意义感：学生通过为社区作出贡献，感受到自己的工作对他人有意义，培养公民意识。

（5）文化敏感性：接触不同社区可以帮助学生更好地理解不同文化和

背景的人，增加文化敏感性。

（6）联接理论与实践：将理论知识与实践相结合，使学生更好地理解课程内容的实际应用。

在实施社区参与与服务学习模式时，教育者需要设计有组织、有目的的项目，并确保学生得到适当的支持和指导，以确保学习目标的达成。此外，社区伙伴关系的建立也是成功实施这一模式的关键。

（七）终身学习与在线教育模式

终身学习与在线教育模式强调学习不仅局限于特定时期，而是贯穿整个职业生涯，通过在线教育手段提供灵活的学习机会。

1. 特点

（1）在线学位课程：提供在线学位课程，使学生能够在工作之余获得更高层次的学历。

（2）短期职业培训：提供灵活的短期职业培训课程，满足职场需求。

（3）个性化学习路径：学生可以根据自己的职业发展需要选择个性化的学习路径。

2. 优势

（1）灵活性：学生可以随时随地进行学习，更好地适应工作和生活的需求。

（2）更新知识：在线教育能够及时更新课程内容，使学生始终掌握最新的行业知识。

（3）打破地域限制：学生可以选择全球各地的优质教育资源，打破地域限制。

3. 挑战

（1）自律性问题：在线学习需要学生具备较强的自律性，有一些学生可能面临学习计划的拖延问题。

（2）互动限制：与传统教育相比，在线学习的互动性可能受到一定的限制，缺乏面对面的交流和讨论。

（八）综合模式与混合式教育

综合模式与混合式教育是将传统面授教育与现代在线教育相结合，采取多种教学手段，以更好地满足学生的多样化需求。

1．特点

（1）在线课程与面授结合：将传统面授课程与在线学习相结合，既保留了传统的教学方式，又引入了现代化的教育手段。

（2）实践项目：设计实践项目，让学生在实际问题中应用所学知识。

（3）导师制度：设置导师，为学生提供个性化指导和支持。

2．优势

（1）充分利用资源：整合各类教育资源，充分利用传统教育和在线教育的优势。

（2）满足不同学习风格：适应不同学生的学习习惯和风格，提供更灵活的学习体验。

3．挑战

（1）教学设计难度：教师需要设计更加复杂的教学计划，确保在线和面对面教学的有机结合。

（2）技术支持：学校需要提供良好的技术支持，确保在线学习平台和相关技术设备的顺畅运作。

（九）可视化教学与沉浸式体验模式

可视化教学与沉浸式体验模式在当今教育领域扮演着越来越重要的角色。这两种教学方法不仅为学生提供了更加生动、直观的学习体验，还能够激发学生的学习兴趣，提高学习效果。本书将探讨可视化教学与沉浸式体验模式的概念、优势及在不同领域的应用。

可视化教学是一种通过图形、图表、动画等视觉手段来呈现信息的教学方法。相比于传统的文字教学，可视化教学更加直观、易于理解。在如数学、科学、地理等学科中，可视化教学可以帮助学生更好地理解抽象概念，加深对知识点的印象。例如，在数学教学中，通过绘制图表演示数学问题的解法，学生可以更容易地理解和记忆相关概念。

沉浸式体验模式则更进一步，它利用先进的技术，如虚拟现实和增强现实，使学生沉浸于虚拟的学习环境中。这种教学方式能够模拟真实场景，提供身临其境的学习体验。例如，在历史课上，学生可以通过虚拟现实技术穿越时空，亲身体验历史事件，加深对历史知识的理解。

这两种教学模式的优势不仅在于提高学习效果，还在于激发学生的学习兴趣。可视化教学使得学习过程更加生动有趣，学生更容易保持注意力，从而更好地吸收知识。沉浸式体验模式则通过模拟真实场景，使学习变得更加引人入胜，学生可以在虚拟世界中进行互动，增加学科的趣味性。

这两种教学方式在不同领域都有广泛的应用。在医学教育中，通过沉浸式体验模式，学生可以在虚拟手术室中进行实践操作，提高其手术技能。在艺术教育中，可视化教学可以通过图形和图表展示艺术作品的构图和色彩搭配，帮助学生更好地理解艺术原理。

然而，尽管可视化教学与沉浸式体验模式在教育中有着巨大的潜力，但也面临一些挑战。首先，技术设备的成本较高，限制了这些教学方法的推广。其次，教育体制的传统性使得教育改革较为缓慢，教师和学生可能需要一定的时间来适应新的教学方式。

综合而言，可视化教学与沉浸式体验模式是教育领域中创新的方向，它们为学生提供了更加丰富、直观的学习体验。随着技术的不断进步和教育理念的更新，相信这两种教学方法将在未来发挥越来越重要的作用，推动教育的不断发展。

（十）人工智能辅助教学模式

人工智能辅助教学模式通过引入人工智能技术，提供个性化的学习支持和智能化的教学管理。

1. 特点

（1）个性化学习路径：利用人工智能分析学生学习情况，制订个性化的学习路径和计划。

（2）智能辅导：提供智能辅导服务，回答学生问题，解释知识点，进行个性化的学术辅导。

（3）学习分析：通过人工智能技术分析学生的学习数据，为教育决策提供数据支持。

2. 优势

（1）个性化支持：人工智能可以根据学生的个性和进度提供精准的学术支持。

（2）效率提高：通过自动化处理一些重复性的教学任务，提高教学效率。

（3）实时反馈：学生能够获得实时的学习反馈，及时调整学习策略。

3．挑 战

（1）数据隐私：使用人工智能需要收集大量学生数据，涉及隐私问题，需要合理的数据管理和保护政策。

（2）教师角色调整：引入人工智能可能会改变教师的角色，需要适应新的教学模式。

综合而言，职业教育的创新模式涵盖了多个层面，从与行业合作、技术驱动到创业教育、全球合作等多个维度，旨在更好地适应时代发展和学生需求的变化。不同的模式有各自的特点和优势，但也面临一系列挑战。未来，职业教育需要继续探索新的创新模式，不断适应社会和经济的变革，培养更加适应未来职业发展需要的人才。

第二章　职业教育创新教学理论与框架

第一节　职业教育教学理论概述

一、职业教育建构主义教学理论

建构主义教学理论是一种注重学生积极参与、主动探究的教学理念，强调学生通过参与真实问题解决和建构知识的过程来学习。在职业教育领域，建构主义教学理论的应用为培养学生实际操作能力、解决实际问题提供了有效的教学方法。本书将探讨建构主义教学理论在职业教育中的基本原理、实际应用及可能面临的挑战。

（一）建构主义教学理论的基本原理

建构主义教学理论源自于建构主义心理学，其核心思想是学生通过个体和群体的交互行为，通过建构新知识和经验来学习。以下是建构主义教学理论的基本原理。

1. 学生的主动性

建构主义理论认为学生是学习的主体，强调学生的积极参与和主动建构知识。学习不是被动地接收信息，而是通过个体和社会互动中的实践活动获得的。

2. 合作学习

建构主义教学鼓励学生之间的合作学习，认为通过与他人的交互，学生能够共同建构知识，并从中获得更深刻的理解。合作学习也可以模拟职业环境，培养团队合作和沟通技能。

3. 真实情境的学习

建构主义强调学习应该发生在真实的情境中，使学生能够将理论知识应用到实际问题的解决中。这对于职业教育尤为重要，因为职业教育的目标是培养学生在特定领域的实际操作能力。

4. 反思和元认知

建构主义理论认为学习过程中的反思和元认知能力对于知识的深度理解和长期记忆至关重要。学生需要能够审视自己的学习过程，了解自己的学习策略，并不断调整和改进。

（二）建构主义教学在职业教育中的应用

1. 项目驱动学习

建构主义教学强调真实情境的学习，项目驱动学习是其中一种应用方式。通过参与真实项目，学生能够在实践中建构知识，解决实际问题，培养团队协作和解决问题的能力。

2. 模拟实践环境

在职业教育中，可以通过模拟实践环境提供学生更真实的学习体验。例如，在医学专业，可以通过虚拟实验室模拟手术操作；在工程专业，可以利用虚拟仿真环境进行工程设计。

3. 行业合作与实习

建构主义教学鼓励学生与行业进行合作，参与实习和实际项目。与行业合作能够让学生更好地了解实际工作需求，融入专业社群，将理论知识与实际操作相结合。

4. 问题驱动学习

建构主义理论倡导通过解决问题学习。在职业教育中，可以通过提出真实职场中的问题，引导学生主动去寻找解决方案，培养其解决实际问题的能力。

5. 个性化学习计划

建构主义教学理论支持个性化学习路径。通过了解学生的兴趣、学科倾向和学习风格，制订个性化的学习计划，使学生更有针对性地建构知识。

（三）建构主义教学在职业教育中可能面临的挑战

1. 资源不足

实施建构主义教学需要更多的真实情境、实践项目和先进技术的支持，这可能会对学校和机构的资源提出更高的要求。

2. 评估困难

传统的考试和评估方法可能不足以全面评价学生在建构主义教学中的学习成果。因此，如何有效地评估学生的实际能力和知识建构过程是一个挑战。

3. 学生自主性差

一些学生可能习惯于传统的被动学习方式，对于需要主动参与和探究的建构主义教学模式可能存在抵触情绪。

4. 技术应用不当

建构主义教学中大量使用了技术手段，但如果技术应用不当，可能导致学生对技术的依赖，而忽视了实际问题的思考和解决。

建构主义教学理论在职业教育中的应用为培养学生的实际操作能力、解决实际问题提供了有益的教学方法。通过激发学生的主动性、鼓励合作学习、模拟实践环境，以及引导问题驱动学习，建构主义教学理论为职业教育注入了更多实践性和真实性。然而，实施建构主义教学也面临一些挑战，需要克服资源不足、评估困难和学生自主性差等问题。

（四）应对挑战的策略

为了有效应对这些挑战，职业教育者可以采取以下策略。

1. 合理利用资源

尽管建构主义教学需要更多的真实情境和实践项目，但可以通过合理利用现有资源，与行业合作，争取更多支持。

2. 多元化评估手段

制定多元化的评估手段，不仅依赖于传统的考试方式，还可以包括实际项目成果、实习报告和口头演示等方式，更全面地评价学生的综合能力。

3. 引导学生转变学习态度

通过引导学生了解建构主义教学的优势，培养其对实际问题的兴趣，帮助其逐渐转变为更为主动、合作的学习态度。

4. 技术合理应用

在使用技术支持时，教育者需要确保技术的合理应用，不仅强调工具的使用，更要关注学生的问题解决和知识建构过程。

在职业教育的未来，建构主义教学理论有望继续发挥重要作用。随着技术的不断进步和社会的不断变化，职业教育需要更灵活、更符合实际需求的教学方法。建构主义教学理论以其强调实践、合作和问题解决的特点，为培养具备实际操作能力和创新思维的职业人才提供了一种有益的路径。

二、职业教育情境教学的理论基础

情境教学是一种强调学习环境对于知识习得的重要性的教学理论。在职业教育中，情境教学更是被广泛应用，因为它能够将学习与实际应用紧密结合，培养学生在真实情境中解决问题的能力。本书将探讨职业教育情境教学的理论基础，包括认知理论、建构主义理论、行为主义理论等，并分析这些理论在职业教育中的实际应用。

（一）认知理论与职业教育情境教学

认知理论和职业教育情境教学是教育领域中两个重要的概念，它们在理解学习和教学过程中的角色方面起着关键作用。

1. 认知理论

（1）定义：认知理论关注个体是如何获得、组织和使用知识的。它强调学习者对信息的主动处理，以及个体的思维、记忆、问题解决和语言等认知过程。代表性的认知理论包括皮亚杰的认知发展理论、维果茨基的社会文化理论，以及奥斯汀·契克森的信息处理理论等。

（2）在教学中的应用：老师可以根据认知理论的原理设计教学活动，帮助学生更好地理解和应用知识。例如，使用启发式教学法、问题解决任务和模型引导方式，促使学生深度思考和学习。

2. 职业教育情境教学

（1）定义：职业教育情境教学强调在真实或模拟的职业情境中学习。它将学习与实际工作环境相结合，通过情境化的学习来培养学生的实际工作技能。学生在实际的职业环境中解决问题，应用知识和技能。

（2）在教学中的应用：教育者可以通过模拟实际职业场景、提供实践性任务和项目，以及与行业合作，使学生在学习中能够更好地适应未来的职业要求。

将认知理论与职业教育情境教学结合可以产生更有效的教学策略，具体有以下四种。

（1）情境化学习：将认知理论中的概念与真实的职业情境相结合，帮助学生将抽象的概念转化为实际操作。例如，在学习计算机编程时，将学生置身于一个模拟的软件开发项目中。

（2）问题解决和决策：培养学生解决实际职业问题的能力，这符合认知理论中对问题解决和决策能力的强调。

（3）合作学习：利用社会文化理论的原理，促进学生在职业情境中的合作学习，培养团队合作和沟通技能。

（4）反思和元认知：帮助学生反思他们在职业情境中的学习经历，从而提高他们的元认知能力，即对自己的学习过程有更深层次的理解和控制。

通过将这两个理论结合起来，教育者可以更全面地考虑学习者的认知过程和实际应用技能的培养，为学生更好地适应未来职业发展提供支持。

（二）建构主义理论与职业教育情境教学

建构主义理论和职业教育情境教学都是教育领域中的重要理论，它们强调学生通过与真实世界和社会环境互动来建构知识。以下是它们的一些核心概念及其在职业教育中的应用。

1. 建构主义理论

（1）定义：建构主义理论认为，学习是一个主动的过程，学生通过与环境互动，基于个体的经验和背景建构知识。重点放在学生的思考和问题解决能力上，而非简单地接收信息。

（2）在教学中的应用：建构主义教学强调探究性学习、项目学习和社会互动。老师的角色更像是引导者和支持者，为学生提供学习的资源和环境，鼓励他们合作、分享和反思。

2. 职业教育情境教学

将建构主义理论与职业教育情境教学相结合，可以产生更加深入和实际的学习体验，如以下几种。

（1）项目学习：学生可以参与真实的职业项目，通过解决实际问题来建构知识。这样的学习体验能够激发学生的主动学习兴趣。

（2）实践性任务：引入实际的职业任务，让学生在真实的情境中应用他们所学到的理论知识，从而更好地理解和掌握这些知识。

（3）行业合作：与行业合作能够为学生提供更直接的职业经验，使他们能够在专业人士的指导下建构知识。

（4）社会互动：学生之间及学生与行业专业人士之间的合作和交流，有助于建构共同的知识体系。

综合运用这两者，教育者可以创建一个激发学生学习兴趣、培养实际技能的教育环境。通过将理论知识与实际情境相结合，学生能够更深入地理解和应用所学，为未来的职业发展做好准备。

（三）行为主义理论与职业教育情境教学

行为主义理论和职业教育情境教学在教育领域中代表着两种不同的教学取向，下面是它们的核心概念及如何结合在一起。

1. 行为主义理论

（1）定义：行为主义理论认为学习是一种对刺激进行响应的反应过程，重点在于可观察的行为。学生通过对外部刺激做出的反应来建立学习。强调直接的教学、明确的目标设定及奖惩机制。

（2）在教学中的应用：行为主义教学侧重于教师的指导，通过明确的指令、练习和反馈，促使学生形成正确的行为和反应，奖励和惩罚是调节学生行为的手段之一。

2. 职业教育情境教学

将行为主义理论与职业教育情境教学结合，可以产生更全面的教学策略，如以下几种。

（1）明确的目标设定：行为主义理论中强调的明确目标可以在职业教育情境中得到应用，使学生清楚地了解他们需要达到的职业技能和标准。

（2）实践性任务和练习：行为主义理论中的练习和职业教育情境中的实践性任务结合，有助于学生形成实际可观察的技能和行为。

（3）奖励和反馈：在职业教育情境中，及时的反馈和奖励可以促使学生更好地适应职业环境，并激发积极的学习动机。

（4）问题解决和合作学习：职业教育情境教学中的问题解决和合作学习可以补充行为主义理论中对于个体行为的侧重，培养学生在团队中合作解决实际问题的能力。

综合运用这两者，教育者可以创造一个既有助于学生形成明确行为和技能，又能够在实际职业情境中应用这些技能的教育环境。这样的综合方法有助于更好地满足学生的学习需求，使他们更好地适应职业发展。

（四）社会文化理论与职业教育情境教学

社会文化理论和职业教育情境教学都强调学习是社会性的、文化性的过程，并且强调社会互动和实际应用。将这两者结合起来，可以创造一个富有情境化和社会交往的学习环境，更好地培养学生在职业领域中所需的技能。

1. 社会文化理论

社会文化理论强调社会和文化环境对个体学习和认知发展的影响。理论认为学习是通过社会互动和文化环境中的参与来实现的。维果茨基是社会文化理论的主要代表，他强调学习是在社会情境中进行的，通过与他人的合作和对话来促进。

2. 职业教育情境教学

将社会文化理论与职业教育情境教学相结合，可以采用以下策略。

（1）学徒制度和合作学习：社会文化理论中的合作学习概念可以与职业教育情境中的学徒制度相结合。学生通过与导师或同行的合作，共同解决实际职业问题，促进知识的建构。

（2）社交互动：强调社交互动，通过与同行、导师或专业人士的交流，学生能够从社会互动中获得新的见解，拓展他们的职业视野。

（3）模拟实际职业环境：在教学中创造模拟实际职业环境，使学生能够在类似的社会文化背景中应用所学的知识和技能。

（4）社会化过程：强调学习过程中的社会化过程，通过参与社区活动、实习和行业合作，培养学生的社会责任感和职业道德。

通过综合运用社会文化理论和职业教育情境教学，教育者可以创造一个更贴近实际职业环境的学习环境，促使学生更好地适应未来职业发展的要求。

（五）情境教学的实际应用

情境教学是一种强调将学习置于真实或模拟的情境中的教学方法。这种方法有助于学生将知识应用到实际生活中，培养实际解决问题的能力。以下是情境教学的一些实际应用。

1. 实际问题解决

将学生置身于实际问题情境中，让他们运用所学的知识和技能来解决问题。这可以通过案例分析、项目任务或模拟情境来实现。例如，在商学课程中，学生可以通过模拟公司管理来解决真实的业务问题。

2. 模拟职业环境

将学生放置在模拟的职业环境中，使他们能够体验和应用特定职业领域的技能。例如，医学专业的学生可以通过医学模拟中心进行实际的患者模拟，以提高临床技能。

3. 案例研究

使用真实或虚构的案例研究来呈现学科知识的应用。学生通过分析案例，了解问题的背景，提出解决方案，并考虑可能的结果。这有助于培养学生的批判性思维和问题解决能力。

4. 合作学习

通过小组项目或任务，鼓励学生在合作中应用他们的知识和技能。合作学习情境有助于培养团队合作、沟通和领导技能。

5. 实习和实地体验

提供学生在实际职业场景中实习的机会，让他们亲身体验并应用所学的理论知识。实地体验能够让学生更深刻地理解和应用所学的概念。

6. 项目学习

设计项目，要求学生在一个时间段内完成一个实际的任务或项目。这可以包括设计、制作、解决问题等方面的任务，使学生在实践中应用他们的学科知识。

7. 行业合作

与行业合作建立联系，使学生能够在真实的行业环境中学习。这包括行业导师、实地考察、专业讲座等，以便学生更好地理解并融入特定行业的实际情境。

8. 虚拟实境和增强现实

利用虚拟实境和增强现实技术，将学生置身于虚拟情境中，模拟真实体验。这种技术可以用于模拟危险环境、训练复杂技能等。

在这些实际应用中，情境教学有助于学生更全面地理解和应用所学的知识，培养实际应用能力，并提高学习的实用性和可持续性。

（六）挑战与应对策略

1. 资源投入问题

实施情境教学需要更多的物质和人力资源，包括模拟实践场景、行业导师的支持等。应对策略是寻求校企合作，争取更多行业资源支持，充分利用社会资源。

2. 评估与考核难题

传统的评估方法可能无法完全适应情境教学的特点，因为学生在真实情境中的表现难以量化。解决策略是多元化评估手段，包括项目作品、实际操作、反思报告等，全面考察学生的综合素养。

3. 学生背景差异

学生在背景、经验和学科理解上存在差异，对于真实情境的理解和应用程度也有所不同。针对不同学生，可以采用个性化的学习路径，提供不同层次和难度的任务，以满足不同学生的需求。

4. 技术支持和设施问题

实施情境教学通常需要借助先进的技术和设施，而一些学校可能面临技术设施不足的问题。解决策略包括争取校内外资源，逐步升级设施，并提供相关的技术培训。

职业教育情境教学以其贴近实际、强调实践和操作技能的特点，得到了越来越多的应用和认可。认知理论、建构主义理论、行为主义理论及社会文化理论为情境教学提供了理论基础，为培养学生实际操作能力、解决实际问题提供了有效的教学策略。在实际应用中，教育者需要综合考虑学生的背景差异、资源投入、评估与考核难题等方面的挑战，通过校企合作、个性化学习路径设计、多元化评估等方式来更好地促进职业教育情境教学的实施和发展。在未来，随着科技的不断发展和社会的变迁，情境教学理念将继续推动职业教育更加贴近实际、更具创新性。

三、职业教育学习社区与实践理论

职业教育学习社区和实践理论是当代教育领域中备受重视的理论框架。这两者强调了学习的社会性和实际应用，为培养具有实际操作能力的职业人才提供了理论支持。本书将深入探讨职业教育学习社区和实践理论的基本原理、相互关系及在职业教育实践中的应用。

（一）职业教育学习社区的基本原理

职业教育学习社区是一个旨在促进职业发展和知识共享的网络平台，其基本原理涵盖了多个方面，从教育理念到社区互动机制，都对学习者和从业者的职业发展产生深远影响。以下是关于职业教育学习社区基本原理的详细阐述。

1. 用户导向的学习体验

职业教育学习社区的核心是用户，平台以学习者和从业者的需求为导向，提供个性化、灵活的学习体验。这包括定制化的学习路径、个性化的推荐系统及适应性教育技术，以满足不同用户的学习目标和水平。

2. 内容多样性和实用性

学习社区的内容应具有多样性，覆盖与职业相关的各个方面。这些内容不仅包括理论知识，还涉及实践经验、案例分析和最新行业趋势。内容的实用性是关键，以确保学习者能够将所学知识直接应用于工作场景中。

3. 社区合作与互助

学习社区强调合作与互助，通过建立学习群体，鼓励用户分享经验、解决问题和互相支持。这种社区协作不仅有助于知识共享，还能够建立职业关系网络，促进成员之间的互利合作。

4. 导师制度与专业指导

为了提高学习效果，职业教育学习社区通常设立导师制度，提供专业的指导和辅导。导师可以是从业者、专业人士或平台内部的专业教育人员。他们的任务是指引学习者的学习方向、解答疑惑，帮助他们更好地实现职业目标。

5. 技术支持与在线学习工具

学习社区依赖于先进的技术支持和在线学习工具，以提供高效便捷的学习体验。这包括基于人工智能的学习分析、虚拟实验室、在线讨论论坛和直播课程等工具，以满足不同学习者的需求。

6. 反馈机制与学习评估

学习社区通过建立有效的反馈机制，及时了解学习者的进展，并为其提供个性化的建议。学习评估是不可或缺的一部分，通过定期的测验、项目评估和同行评价，确保学习者真正掌握了所学知识。

7. 行业合作与实践机会

为了更好地满足行业需求，学习社区通常与行业企业建立合作关系，提供实践机会、实习项目和职业培训。这种紧密的产业联系有助于确保学习内容与实际工作场景紧密结合，使学习者更具备职业竞争力。

8. 持续学习与职业发展规划

学习社区不仅仅关注短期学习目标，更强调持续学习和职业发展规划。通过提供职业导向的培训、课程更新和行业前沿信息，学习社区帮助从业者保持竞争力，适应快速变化的就业环境。

9. 数据隐私与安全保障

在信息时代，保护用户的隐私和数据安全至关重要。学习社区需要建立健全的隐私政策，采取有效的安全措施，确保用户的个人信息得到充分保护，以建立用户信任和提高平台的可靠性。

10. 社会责任与可持续发展

职业教育学习社区应当注重社会责任，通过可持续发展的方式，为社会培养高素质人才。这涉及平台的社会贡献、公益项目的开展及对于学习机会的普惠性。

总体而言，职业教育学习社区的基本原理旨在建立一个以学习者为中心的、互动丰富的学习环境，通过多种手段促进个体职业发展和社区整体的学习效果。这需要平台运营方在内容、技术、社交和管理等方面不断创新，以适应不断变化的学习和职业环境。

（二）实践理论的基本原理

实践理论是一种强调实践在知识建构和学习中的重要性的教育理论。以下是实践理论的基本原理。

1. 学习是社会实践的产物

实践理论认为，学习不仅是个体内部的认知过程，更是社会实践的产物。人们通过参与社会实践，如交往、工作、参与社区活动等，获得并建构知识。学习与社会环境密切相关，是社会实践的结果。

2. 知识是在实践中构建的

实践理论强调知识的建构是通过实际经验和活动进行的。通过参与实践，个体积累经验，从中提炼出知识。这与传统的知识传递模式有所不同，实践理论认为知识是通过参与实践来获得并在实践中发展的。

3. 社会参与与身份认同的重要性

实践理论强调，学习是通过参与社会实践来建构社会身份和认同的过程。个体通过社会参与来塑造自己的身份，并在这一过程中学到与社会相关的知识和技能。学习不仅是为了获取知识，还涉及对社会角色和身份的理解和塑造。

4. 学习是一种参与性的活动

实践理论主张学习是一种积极参与的活动，而非被动的接受。通过实际参与和互动，学习者能够更好地理解和应用知识。这与传统教育中注重传授知识的模式形成鲜明对比。

5. 社会化的学习

实践理论强调学习是一种社会化的过程，个体通过与他人的互动、合作和共享来建构知识。在社会实践中，个体与他人共同解决问题，分享经验，促进了彼此的学习。

6. 上下文的重要性

实践理论强调学习是在特定上下文中发生的。学习者的经验和知识是与具体的社会、文化和历史环境相联系的。因此，学习的设计和实施应该考虑到学习活动发生的特定环境和情境。

7. 反思和批判性思维

实践理论认为，学习不仅是获取表面知识，还涉及对经验的反思和批判性思考。学习者通过对实践经验的思考，不断地调整和完善自己的认知结构，形成更为深刻和持久的学习效果。

8. 知行合一

实践理论倡导知行合一的学习观念，即理论和实践不可分割。学习者在实践中不仅获取理论知识，还能够将这些知识应用于实际情境中，形成对知识的深刻理解和实际运用能力。

9. 共同体的概念

实践理论中强调共同体的概念，即学习者不是独立的个体，而是属于某个社会群体或共同体。在共同体中，成员通过互动和分享共同建构知识，形成共同的价值观和实践。

10. 动手实践的重要性

实践理论认为，通过实际动手操作，学习者能够更好地理解和应用知识。动手实践可以是模拟的、实验性的，也可以是真实的实际应用，通过这样的实践，学习者能够更加深入地理解和体验学科知识。

实践理论的这些基本原理建构了一种强调经验、参与和社会联系的学习理念，对于教育实践的改革和创新提供了有益的思考和指导。

（三）职业教育学习社区与实践理论的相互关系

职业教育学习社区与实践理论有着密切的相互关系，它们在提供职业教育的框架和理念上相辅相成。以下是职业教育学习社区与实践理论之间的关系。

1. 基于社会实践的学习设计

职业教育学习社区倡导以社会实践为基础的学习设计。实践理论的核心原则强调学习是在实际活动和社会参与中发生的，而职业教育学习社区正好将这一理念应用到职业领域。学习社区通过提供实际案例、模拟场景和行业项目，致力于让学习者在真实的职业环境中获得实际经验。

2. 社区合作与知识共享

实践理论注重学习者在社会群体中的参与和合作，而职业教育学习社区正是建构了这样的社会群体。学习者通过社区平台与其他从业者、导师和专业人士互动，分享经验、解决问题，从而在社区合作中实现知识共享和共同学习。

3. 导师制度的实践引导

实践理论中强调导师在学习过程中的重要性，而职业教育学习社区常常设有导师制度。导师在社区中扮演着指导者和实践引导者的角色，通过提供专业指导、实际案例分享和职业建议，帮助学习者更好地将理论知识与实际工作结合起来。

4. 强调社会化学习

实践理论认为学习是社会化的过程，而职业教育学习社区正是通过社交和协作的方式实现这一理念。社区中的学习者通过与他人互动，共同解决问题，形成共同体，促进了社会化学习的发生。

5. 实际问题解决与项目导向的学习

实践理论强调学习者通过实际问题解决和项目参与来建构知识。职业教育学习社区通常以实际项目和职业挑战为导向，通过实际问题的解决来培养学习者的实践能力和解决问题的技能。

6. 学习者身份认同的形成

实践理论认为学习是通过参与社会实践来建构个体的身份认同，而职业教育学习社区为学习者提供了一个职业社区，在这里，他们能够积极参与职业实践，形成和完善自己的职业身份认同。

7. 社区反馈与学习评估

实践理论中的反思和批判性思考与职业教育学习社区中的反馈机制和学习评估相呼应。通过社区中其他成员的反馈、导师的指导及学习者对实践经验的反思，促使学习者更深入地理解和应用知识。

8. 知识与实践的无缝整合

实践理论强调知行合一，而职业教育学习社区致力于无缝整合理论知识和实际实践。通过实际项目、案例研究和行业实践，学习者能够将所学知识迅速应用于职业实践中，增强了学习的实用性。

综合而言，职业教育学习社区与实践理论共同强调实际经验、社会互动和知识共享，为学习者提供了一个更贴近实际职业环境的学习平台，促使学习更具实践性、社会性和个体价值。

（四）职业教育实践中的应用

职业教育实践中实际应用实践理论的方式和策略多种多样，这有助于提高学习者的实际技能、职业素养及适应力。以下是职业教育实践中应用实践理论的一些关键方面。

1. 实际项目和案例研究

在职业教育中，实际项目和案例研究是应用实践理论的重要手段。学习者通过参与真实项目或研究实际案例，将理论知识应用到实际情境中。这样的实践能够促使学习者在解决实际问题时获得经验，并提高解决问题的实际能力。

2. 导师制度的建立

实践理论中强调导师的作用，职业教育中通常建立导师制度。导师通过与学习者的互动，提供实际的指导和建议，分享自己的职业经验，帮助学习者更好地理解和应用所学知识。

3. 实习和实训机会

提供实习和实训机会是职业教育中应用实践理论的一种有效方式。通过参与实际的工作，学习者能够将理论知识付诸实践，培养实际技能，并适应职业领域的工作要求。

4. 行业合作与产业项目

与行业合作、开展产业项目是将实践理论运用于职业教育的关键手段。通过与行业企业合作，学习者能够深入了解行业实际需求，参与实际项目，获得实际工作经验，从而更好地迎接职业挑战。

5. 社区互动与协作学习

职业教育学习社区作为实践理论的应用平台，强调社区互动和协作学习。学习者通过社区平台分享经验、讨论问题，建立职业关系网络，从而在社会化学习中建构知识。

6. 问题解决和创新能力培养

实践理论注重通过解决实际问题来促进学习，因此在职业教育实践中，培养学习者的问题解决和创新能力至关重要。这可以通过项目驱动的学习、实际挑战及鼓励学习者提出解决问题的方案来实现。

7. 反思和批判性思考

在职业教育中，强调学习者的反思和批判性思考，使其能够更深入地理解所学知识并将其应用于实际。这可以通过个体或社区中的讨论、案例分析等方式实现。

8. 实践技能培训

实践理论认为技能是在实践中获得的，因此职业教育应该注重实践技能的培训。这可能涉及模拟实验、虚拟实训环境，以及与行业合作提供的实际培训机会。

9. 技术支持与在线学习工具的整合

应用实践理论的现代方式之一是整合技术支持和在线学习工具。这包括虚拟实验室、在线模拟、远程实践等，以确保学习者在实践中能够借助技术手段获取更多的实际经验。

10. 社会责任和可持续发展教育

实践理论中的社会责任概念可以通过职业教育实践中的社会项目和可持续发展教育体现。学习者参与社会服务项目，了解企业社会责任，有助于培养其在职业实践中的社会责任感。

总体而言，职业教育实践中的应用实践理论有助于培养学习者的实际能力、职业素养和解决问题的能力，使其更好地适应不断变化的职业环境。通过将理论知识与实际经验相结合，职业教育能够更好地满足学习者的职业需求。

（五）挑战与未来展望

在职业教育学习社区与实践理论的结合中，存在一些挑战，同时也有对未来的展望。

1. 挑战

（1）技术与平台发展的不平衡：部分地区可能面临技术基础设施不足、数字鸿沟等问题，这可能限制了对职业教育学习社区的访问和应用。

（2）质量控制与认证：职业教育学习社区中内容的质量、导师的水平、学习者的成果评估等方面需要建立有效的质量控制体系，以确保学习效果和学位的认可。

（3）个性化学习的实现：实践理论强调个性化学习，但实现个性化学习在实践中仍然存在一定的难度，需要更智能的技术和教育设计。

（4）社交互动的建设：建立良好的社区互动需要更好的社交平台设计、在线协作工具以及有效的社交学习策略，以促进学习者之间的合作和知识分享。

2. 未来展望

（1）技术整合与创新：随着技术的不断发展，虚拟现实、增强现实、人工智能等技术的广泛应用将进一步丰富职业教育学习社区的学习体验，提高学习者的参与度。

（2）全球化职业教育：通过在线学习，学习者可以跨越地域界限，获得来自世界各地的专业知识，这将推动职业教育实现全球化。

（3）数据驱动的个性化学习：利用学习者的数据，职业教育学习社区将能够更精确地为每位学习者提供个性化的学习路径和资源，满足不同学习者的需求。

（4）实践场景模拟：利用虚拟实验室和模拟工作场景，学习者可以在安全的环境中进行实际操作和职业实践，提高实践技能。

（5）跨学科综合能力培养：强调实践的学习理念将促使职业教育更注重培养学习者的跨学科综合能力，使其在职场中更具竞争力。

（6）社会责任教育：职业教育学习社区将更多地关注社会责任教育，培养学习者在职业实践中更为负责任、可持续的态度。

（7）深度合作与企业融合：与行业企业深度合作，将实际项目、实习机会整合到学习社区中，使学习者更好地适应职业需求。

总体而言，职业教育学习社区与实践理论的结合为职业教育领域带来了更多可能性，但也需要应对技术、教育理念、社会需求等多方面的挑战。通过持续的创新和合作，职业教育有望更好地满足学习者的需求，为未来职业发展提供更强大的支持。

职业教育学习社区和实践理论为培养具备实际操作能力的职业人才提供了有力的理论基础。在职业教育实践中，学校和机构应当积极倡导学习社区的建设，强调实践性学习，使学生在社会实践中获得更丰富的经验。面对挑战，需要综合运用各种教育资源，创新评估方法，平衡实践与学科知识，充分整合技术支持，以期培养更适应未来职业需求的专业人才。

第二节　职业教育创新教学框架

一、职业教育问题驱动学习

职业教育问题驱动学习是一种基于实际问题的学习方法，注重培养学生解决实际职业问题的能力。这种学习方式旨在通过让学生在解决真实问题的过程中获取知识和技能，使其更好地适应职业领域的需求。本书将探讨问题驱动学习在职业教育中的重要性、基本原理、实施策略，以及面临的挑战与未来展望。

（一）问题驱动学习的重要性

问题驱动学习作为一种教育方法，强调通过解决实际问题来推动学生的学习过程。这种学习方式注重培养学生的问题解决能力、创造性思维和实践技能，与传统的以教师为中心的教学方法形成鲜明对比。在当今不断变化和日益复杂的社会环境中，问题驱动学习具有重要的意义。本书将从多个角度探讨问题驱动学习的重要性，包括其对学生的认知发展、实际问题解决能力、创新能力及终身学习的影响。

首先，问题驱动学习强调学生在解决问题的过程中主动参与，培养了他们的批判性思维和问题解决能力。在传统教学中，学生往往被动地接受知识，而问题驱动学习则通过提出具体问题，激发学生的求知欲望和好奇心。在解决问题的过程中，学生需要深入思考、分析信息、提出假设，并最终得出结论。这种主动参与的学习方式有助于培养学生的批判性思维，使他们能够更好地理解和应用所学知识。

其次，问题驱动学习注重培养学生的实际问题解决能力。通过面对真实世界中的问题，学生不仅能够理论性地掌握知识，还能够将知识应用到实际情境中。这有助于建立学科知识与实际问题的联系，提高学生的实际问题解决能力。与此同时，学生在解决问题的过程中还可能面临各种挑战和困难，这有助于培养他们的团队合作能力、应变能力和坚韧性。

最后，问题驱动学习有助于培养学生的创新能力。解决实际问题往往需要创新性思维和新颖的解决方案。问题驱动学习通过激发学生的好奇心和探索欲望，培养了他们在面对问题时勇于尝试新思路的能力。这种创新性思维不仅对学生个体的发展有益，同时也有助于社会的进步和发展。培养学生的创新能力，使他们在未来能够更好地适应不断变化的社会环境。

此外，问题驱动学习对学生的终身学习能力产生积极影响。在问题驱动学习的过程中，学生不仅是为了应付考试而学习，更是为了解决现实生活中的问题而学习。这种学习动机使得学生养成了持续学习的习惯，不断追求新知识和技能。在面对未知问题时，他们具备主动学习的能力，能够主动寻求并吸收新的知识，适应社会发展的需要。

总体而言，问题驱动学习作为一种教育方法，对学生的认知发展、实际问题解决能力、创新能力及终身学习能力产生了深远的影响。在当前社会迅速发展的环境中，这种注重学生主动参与、实际问题导向的学习方式有助于培养具备综合素养的人才，能够更好地适应未来社会的需求。因此，问题驱动学习的重要性不仅在于其教育理念的先进性，更在于其对学生全面发展的促进作用。

（二）问题驱动学习的基本原理

问题驱动学习是一种基于实际问题解决的教育方法，其核心理念是通过学生参与解决真实问题的过程，促使其深入思考、主动探究，从而实现知识的积极建构。以下是问题驱动学习的基本原理。

1. 学习以问题为中心

问题驱动学习的核心是以问题为学习的中心，而不是以传统的教科书或教师的教学计划为中心。通过引入具体、真实世界的问题，学生的学习过程得以聚焦，关注解决问题所需的知识和技能。这种以问题为中心的学习方式能够激发学生的兴趣，使学习更加有意义。

2. 学生主动参与

在问题驱动学习中，学生被鼓励主动参与学习过程。他们不再仅是知识的接受者，而是问题解决的参与者和创造者。通过对问题的深入思考和解决尝试，学生能够更主动地建构知识，培养批判性思维和自主学习的能力。

3. 团队合作和交流

问题通常是复杂而多层次的，因此，问题驱动学习鼓励学生通过团队合作来解决问题。在小组中，学生能够分享观点、协同工作，并从彼此的经验中学到更多。这不仅培养了团队协作的技能，还促进了有效的沟通和交流，是现实工作环境中的重要素养。

4. 实际问题导向

问题驱动学习强调解决实际问题，使学生能够将抽象的理论知识应用到实际情境中。这样的学习更具有现实意义，使学生能够更好地理解知识的应用场景。通过面对实际问题，学生还能够培养解决问题的技能，为将来的职业生涯做好准备。

5. 跨学科整合

问题往往不拘泥于特定学科的范畴，而是涉及多个领域。因此，问题驱动学习鼓励跨学科的整合。学生在解决问题的过程中可能需要运用不同学科的知识，促使他们跨足多个学科领域，形成更为全面和综合的认知结构。

6. 反馈和修正

在问题驱动学习中，反馈是一个至关重要的环节。学生通过解决问题的实践经验，接受来自教师和同学的反馈。这有助于他们不断调整和修正自己的理解，提高问题解决的效果。反馈机制也能够促使学生形成更加深入的学习认知。

7. 培养批判性思维

问题驱动学习培养学生的批判性思维能力。通过对问题的深入思考，学生需要分析信息、评估证据和提出合理的解决方案。这有助于培养学生对信息的敏感性和批判性思考的能力，使他们在面对复杂问题时能够理性分析，作出明智的决策。

8. 激发学习兴趣和动机

问题驱动学习通过引入真实的问题情境，激发学生的学习兴趣。与传统的课堂教学相比，学生更有动机去解决实际问题，因为他们能够看到自己学到的知识对解决问题的实质性贡献。

在总体上，问题驱动学习通过引入实际问题、培养学生的批判性思维和自主学习能力，以及强调团队合作和实际问题导向，形成了一套独特而有效的教学原理。这种学习方法能够更好地满足当今社会对于学生综合素质和实际能力的需求，使学习更有深度和意义。

（三）问题驱动学习的实施策略

问题驱动学习是一种促使学生通过解决实际问题来学习的教育方法。实施问题驱动学习需要一系列策略，以确保学生在解决问题的过程中获得有效的学习经验。以下是一些实施问题驱动学习的策略。

1. 选择引人注目的问题

选取引人注目、与学科相关的问题是问题驱动学习的基础。问题应当具有现实性，能够激发学生的好奇心和求知欲望。确保问题具体而有挑战性，能够推动学生深入思考和学习。

2. 明确学习目标

在引入问题之前，明确学习目标是至关重要的。学习目标应该与问题相关，同时也应该涵盖学科知识和跨学科技能。这有助于确保学生在解决问题的过程中不仅能够获得实际经验，还能够达到教学目标。

3. 组织学习团队

问题通常是复杂的，需要团队协作来解决。组织学习团队时，应确保团队成员的多样性，包括技能、兴趣和学科背景的多样性。通过小组合作，学生可以分享不同的观点和经验，促进协作和交流。

4. 提供指导和支持

虽然问题驱动学习强调学生的主动学习，但教师在学习过程中仍然扮演着重要的角色。教师可以提供指导和支持，确保学生在问题解决的过程中不迷失方向。这包括提供学科知识的介绍、引导学生分析问题的方法等。

5. 建立反馈机制

实施问题驱动学习时，建立有效的反馈机制至关重要。反馈可以来自教师、同学或者其他专业人士。通过及时的反馈，学生能够了解他们的表现，并在需要时进行调整和改进。

6. 设立明确的时间框架

问题驱动学习通常是一个相对长期的过程，但仍然需要设立明确的时间框架。这有助于学生规划他们的学习过程，确保他们在规定时间内完成问题解决任务。

7. 鼓励自主学习

问题驱动学习的目标之一是培养学生的自主学习能力。鼓励学生主动寻找和利用资源，提倡他们通过独立思考和研究解决问题。这有助于培养学生的主动性和独立思考能力。

8. 促进跨学科整合

在问题设计和解决过程中，鼓励学生跨学科整合知识。这有助于拓宽学生的视野，使他们能够从多个角度理解问题，并运用不同学科领域的知识来解决问题。

9. 利用技术支持

利用技术工具可以增强问题驱动学习的效果。在线资源、虚拟实验室、协作工具等可以帮助学生更有效地获取信息、进行实验和进行团队合作。

10. 评估学生绩效

设计合适的评估方式是问题驱动学习中的重要环节。评估不仅应关注解决问题的结果，还应关注学生在解决问题的过程中所展现的能力和学习的深度。

11. 反思和调整

教师和学生在问题驱动学习过程中都需要进行反思。教师可以反思教学设计和学生表现，以不断改进教学策略。学生也应该反思他们的学习过程，找到改进的空间。

问题驱动学习的实施需要灵活和耐心。通过合理的组织、引导和反馈，可以确保学生在解决问题的过程中获得丰富的学习经验，培养批判性思维和解决实际问题的能力。

（四）问题驱动学习面临的挑战与未来展望

问题驱动学习作为一种创新的教学方法，在推动学生主动学习、培养批判性思维和解决实际问题方面取得了积极的成果。然而，正如任何教育方法一样，问题驱动学习也面临一系列挑战。同时，对于未来，问题驱动学习有着广阔的发展前景，特别是在应对现代社会和职业领域的复杂性方面。

1. 学生习惯和期望的改变

传统的教学方法通常是基于教师的讲授，而学生习惯于这种被动接受的学习方式。问题驱动学习要求学生更加主动参与和负责，这对于一些学生来说可能需要适应和改变学习习惯。

2. 教师的专业发展和培训

问题驱动学习需要教师在设计问题、引导讨论和提供反馈等方面具备新的技能。然而，许多教师在传统的教学方法中接受的培训和经验可能不足以支持他们成功地实施问题驱动学习。

3. 评估和测量问题

问题驱动学习注重培养学生的能力和技能，而不仅是记忆事实和知识。因此，传统的基于标准化考试的评估方法可能无法全面评估学生在问题解决、团队合作等方面的表现。

4. 时间管理

实施问题驱动学习可能需要更多的时间，因为学生需要深入思考、独立研究和团队合作。这可能与传统教学方法的时间表不太一致，可能需要更好的时间管理和资源配置。

5. 资源限制

实施问题驱动学习需要访问实际问题、实践性资源及先进的技术工具。一些学校或地区可能由于资源有限而难以提供这些支持。

6. 学科之间的整合

问题驱动学习强调跨学科整合，但在实际操作中，将不同学科的知识和技能整合到一个问题中可能面临困难。这需要有关学科教师间的协作和沟通。

7. 学生动机问题

对于一些学生而言，问题驱动学习可能会带来动机问题。如果问题设计得不够吸引人或者学生不能看到问题解决的实际应用，他们可能会缺乏参与的积极性。

（五）问题驱动学习的未来展望

1. 应对现实问题的能力

未来社会的复杂性和不确定性将需要具备解决实际问题的能力。问题驱动学习可以培养学生在面对真实挑战时的批判性思维和解决问题的能力，使他们更好地适应未来职业环境。

2. 技术的应用

随着技术的不断发展，问题驱动学习可以更好地利用虚拟实验室、在线合作工具、人工智能等技术来支持学生的学习。这将扩大问题驱动学习的实施范围，使其更具可行性。

3. 个性化学习

问题驱动学习提供了一个更加个性化的学习环境，因为学生可以根据自己的兴趣和能力选择或设计问题。未来可以进一步探索如何更好地设置个性化问题和学生的学习路径。

4. 跨学科研究的增加

随着知识的不断扩展，跨学科研究变得更为重要。问题驱动学习有助于打破学科之间的壁垒，促使学生更自然地进行跨学科思考和研究。

5. 教育改革

随着对传统教育模式的挑战，未来可能会看到更多的教育机构对问题驱动学习进行积极的改革。这可能包括对教师培训的重新设计、评估方法的创新及课程设置的调整。

6. 全球化视野

问题驱动学习有助于培养学生的全球化视野，因为问题往往是跨足多个文化和地区的。未来，可能会看到更多的国际性问题和合作项目，使学生能够更好地理解和解决全球性挑战。

7. 实践中的深度学习

未来的问题驱动学习可能更注重学生对问题的深度学习，而不仅是对知识的表面理解。这可能包括对问题的系统性思考、深度挖掘问题背后的原因和影响，以及对解决方案的全面评估。这样的深度学习将使学生更具专业素养，能够在实际情境中更有效地应用所学知识。

8. 社会参与和服务学习

问题驱动学习将更加强调社会参与和服务学习。通过让学生直接面对社会问题并提供解决方案，可以培养他们的社会责任感和公民意识。这也符合未来社会对具有社会使命感的专业人士的需求。

9. 创新与创造力的培养

问题驱动学习强调学生的创新能力，未来可能更加注重培养学生的创造性思维。学生将被鼓励提出新颖的问题、探索创新的解决方案，从而促使他们在未来面对新兴挑战时更具应变能力。

10. 终身学习的支持

未来问题驱动学习可能更加关注终身学习的理念。通过在学习中培养学生自主学习的习惯，问题驱动学习可以为培养他们在职业生涯中不断学习和适应新知识、新技术的能力打下坚实基础。

11. 人工智能辅助学习

随着人工智能技术的进步，未来问题驱动学习可能会更多地借助智能辅助学习系统。这些系统可以根据学生的学习风格和进度提供个性化的支持，帮助教师更好地管理学生团队和提供实时反馈。

12. 大数据分析与教育研究

未来问题驱动学习的实践将更加依赖大数据分析。通过收集学生在问题解决过程中的数据，可以进行更深入的教育研究，从而改进教学设计、优化问题设置、提高学习效果。

13. 全球协作

问题驱动学习未来可能更加注重全球协作。学生可以通过虚拟团队合作、在线交流等方式，与来自不同文化背景和地区的同学共同解决全球性问题，拓宽他们的国际视野。

14. 跨界学科融合

未来问题驱动学习将更多地促进学科之间的融合。通过整合科学、技术、工程、艺术和数学等不同领域的知识，学生可以更全面地理解问题，提供更创新的解决方案。

15. 政策支持与教育改革

为了更好地推动问题驱动学习，未来可能需要更多的政策支持和教育改革。政府、学校和教育机构可以共同努力，提供资源、培训和支持，以促进问题驱动学习在更广泛范围内的实施。

总体而言，问题驱动学习在面临挑战的同时，也迎来了美好的未来展望。通过不断创新、整合先进技术、强调全球协作和社会责任，问题驱动学习有望在培养具备创新能力、全球视野和终身学习意识的学生方面发挥更加重要的作用。这将为未来社会培养出更具有综合素养的人才，适应复杂多变的现实挑战。

二、职业教育项目式学习

职业教育项目式学习是一种注重实践、贴近职业需求的学习模式。与传统的课堂教学不同，项目式学习通过让学生参与真实项目，解决实际问题，培养他们在职业领域中所需的技能和能力。本书将探讨职业教育项目式学习的重要性、基本原理、实施策略，以及面临的挑战与未来展望。

（一）职业教育项目式学习的重要性

职业教育项目式学习作为一种注重实际应用和问题解决的教育方法，对于培养学生实际技能、职业素养及创新能力具有重要的意义。在当今社会，职业教育项目式学习不仅是一种教学方式，更是应对快速变化的职业环境、提高学生就业竞争力的关键手段。本书将探讨职业教育项目式学习的重要性，并从多个角度阐述其对学生、教育机构和社会的积极影响。

1. 实际技能的培养

职业教育项目式学习注重学生在实际项目中应用所学知识和技能。通过参与真实项目，学生能够在实践中掌握和提升职业相关的技能，包括技术技能、团队协作和问题解决等方面。这有助于缩小理论与实际之间的鸿沟，使学生更好地适应未来的职业要求。

2. 职业素养的培养

职业素养是综合运用知识、技能和态度来应对职业环境的能力。项目式学习提供了一个实践的平台，使学生能够在真实的职业环境中锻炼自己的职业素养，包括职业道德、沟通能力、团队协作、领导力等。这对于学生未来的职业发展至关重要。

3. 解决实际问题的能力

项目式学习的一个显著特点是通过解决实际问题来推动学习。学生在项目中面对的问题通常是真实而具体的，需要他们动手解决。这培养了学生的问题解决能力、创新思维和实践操作能力，使其更具备在职业领域中应对挑战的能力。

4. 团队协作与沟通技能的培养

在职业教育项目中，学生通常需要组成团队来完成任务。这促使他们培养团队协作和沟通技能，学会在多元团队中有效合作。这样的经历有助于将来步入职场后更好地融入团队工作，提高工作效能。

5. 实际行业经验的积累

通过参与职业教育项目，学生有机会获得实际行业经验。这对于提高学生的就业竞争力至关重要，因为雇主通常更倾向于招聘有实际经验的候选人。项目式学习为学生提供了更直接、更深入的行业了解和实践机会。

6. 提高学习动机与兴趣

项目式学习通常能够激发学生的学习兴趣和动机。通过直接应用所学知识解决实际问题，学生更容易看到学习的意义和实际应用，从而更加投入学习过程。这有助于减少学习的枯燥感，提高学习效果。

7. 创业精神的培养

职业教育项目式学习培养学生的创业精神。在项目中，学生可能需要思考新的解决方案、提出创意点子，并将其付诸实践。这有助于培养学生的创新思维，激发他们在未来职业生涯中创业的潜力。

8. 适应职业发展的变化

随着科技和社会的迅速发展，职业领域的需求也在不断变化。职业教育项目式学习通过注重实际应用和解决问题，培养了学生更好地适应职业发展变化的能力，使其具备在不同行业和工作环境中灵活应对的能力。

9. 与行业对接的紧密性

职业教育项目通常与行业有着紧密的联系。学校和教育机构可以与企业合作，将实际项目引入课程中，确保学生的学习与实际职业需求更为契合。这样的紧密对接有助于提高学生的就业竞争力，满足行业对专业人才的需求。

10. 社会贡献与可持续发展

职业教育项目式学习通过解决实际问题，有助于培养学生的社会责任感。学生在项目中可能面临与可持续发展有关的问题，这使得他们更关注社会、环境和经济方面的可持续性问题，从而成为具有社会责任感的专业人才。

11. 反思与自主学习

职业教育项目式学习强调学生的主动参与。在项目中,学生需要进行反思,不断调整和改进他们的方法和解决方案。这培养了学生的自主学习能力,使其能够主动寻求知识、不断提升自己,适应不断变化的职业环境。

12. 职业发展规划

通过参与项目式学习,学生能够更清晰地了解自己的兴趣、优势和职业方向。这有助于他们更有针对性地规划自己的职业发展路径,选择与自己兴趣和专业背景相匹配的领域。

13. 提高教育质量与实效性

职业教育项目式学习通过实际项目的参与,使学生学到的知识更具实效性。这也促使教育机构更注重教学内容的实际应用,提高了教育的质量和实际效果。

14. 学生参与度提升

传统的课堂教学可能会导致学生的被动学习,而项目式学习激发了学生积极参与的热情。学生在项目中是学习的主体,他们需要思考、合作和实践,这提高了学生对学习过程的投入度。

15. 个性化学习路径

职业教育项目式学习通常提供更多的个性化学习路径。学生可以根据自己的兴趣和目标选择参与特定的项目,使得学习更符合个体差异,更具有针对性。

综合上述观点来看,职业教育项目式学习对于学生、教育机构和社会都具有重要的意义。通过强调实际技能、职业素养、问题解决能力等方面的培养,这种学习方式更好地迎合了现代职业环境对于多元化能力的需求。在未来,职业教育项目式学习有望成为培养具有实际操作能力、创新精神和终身学习意识的专业人才的主要途径之一。因此,教育机构和决策者应当进一步推动并优化这一教育模式,以更好地满足学生和社会的需求。

(二)职业教育项目式学习的基本原理

职业教育项目式学习是一种注重实践和问题解决的教学方法,其基本原理旨在通过学生参与真实项目，运用学科知识和技能解决实际问题，从而培养学生的实际能力和职业素养。以下是职业教育项目式学习的基本原理，涵盖了这一教育方法的核心理念和实施原则。

职业教育项目式学习的核心理念有以下十五点。

1. 问题导向

职业教育项目式学习的核心原理之一是问题导向。学生不是单纯地被传授知识，而是通过面对真实的问题和挑战来学习。这些问题通常模拟或反映实际职业环境中的情境，促使学生思考、分析和解决问题。

2. 实践导向

该方法注重实践，使学生能够在实际项目中应用所学的理论知识。学生通过亲身经历实践，加深对概念的理解，培养实际操作的能力。这有助于弥合理论学习和实际应用之间的鸿沟。

3. 团队合作

职业教育项目式学习强调团队合作，模拟真实职场中的协作环境。学生通常需要在小组中共同工作、分担责任，共同解决问题。这有助于培养学生的团队协作和沟通技能，提高他们在职场中的适应能力。

4. 自主学习

项目式学习倡导学生的自主学习。学生在解决问题的过程中需要主动寻找信息、学习新知识，提高自己的学习能力。这有助于培养学生的独立思考和主动学习的习惯。

5. 跨学科整合

职业教育项目式学习鼓励学科之间的整合。在解决实际问题时，学生可能需要运用多个学科的知识。这有助于培养学生的跨学科思维，使他们能够综合运用不同领域的知识解决复杂问题。

6. 周期性评估和反馈

项目式学习中，周期性的评估和反馈是至关重要的。学生需要定期检查和评估他们的项目进展，接收教师和同学的反馈，从而不断调整和改进他们的工作。这有助于确保学生在学习过程中不断进步。

7. 实际行业导向

项目式学习的设计通常与实际行业有关。教育机构和教师通常会与相关行业合作，确保项目的设计符合职业标准和需求。这使得学生在项目中获得的经验更贴近实际职业环境。

8. 问题解决和创新

核心原理之一是培养学生的问题解决和创新能力。学生在实际项目中面对的问题不仅仅是为了测试知识掌握情况，更是为了培养他们面对未知挑战时的解决问题的能力。这有助于培养学生的创造性思维。

9. 终身学习意识

职业教育项目式学习强调培养学生的终身学习意识。学生通过不断解决实际问题和面对新的挑战，逐渐形成持续学习的习惯。这对于适应职业领域的快速变化至关重要。

10. 注重成果

项目式学习强调的是学生的实际成果。学生完成项目后，会产生实际的产品、解决方案或者报告。这种注重成果的学习方式有助于激发学生的学习兴趣和成就感。

11. 多元评价

职业教育项目式学习采用多元化的评价方式。不仅注重学生的成绩，更关注学生在项目中的表现、团队合作能力、解决问题的方法等方面。这有助于更全面地了解学生的发展。

12. 反思和总结

学生在项目结束后通常需要进行反思和总结。这有助于他们回顾整个学习过程，从中总结经验教训，形成对知识和技能的深刻理解。

13. 灵活性和适应性

职业教育项目式学习注重灵活性和适应性。项目通常设计得具有一定的弹性，以适应学生的不同学科背景、兴趣和学习风格。

14. 社会责任感

学生在项目中解决的问题往往与社会相关。这有助于培养学生的社会责任感，使他们更加关注社会问题，并在未来的职业中能够为社会作出积极贡献。通过与社会问题的接触，学生更容易理解自己在社会中的角色，并认识到自己所学知识和技能的实际应用价值。

15. 技术的整合

随着科技的飞速发展，职业教育项目式学习也越来越注重将技术整合到学习过程中。使用先进的技术工具和在线资源，学生能够更好地进行信息检索、数据分析和远程协作，提高学习效率和效果。

（三）职业教育项目式学习的实施原则

1. 明确学习目标

在项目开始之前，明确学生需要达到的学习目标和技能要求。这有助于确保项目的设计与学科知识和职业要求相符。

2. 学生参与项目设计

鼓励学生参与项目设计的过程，使他们能够更好地理解项目的背景和目标，增强学生的投入感。

3. 导师的角色

教师在项目式学习中充当导师的角色，引导学生思考问题、提供资源支持、及时反馈学生的表现。

4. 项目周期管理

设计良好的项目应有明确的时间表和项目周期，确保学生在规定时间内完成各个阶段的任务。

5. 鼓励反思

在项目的各个阶段，鼓励学生进行反思，帮助他们认识到自己的学习过程，发现问题并改进方法。

6. 多元化的评价方法

采用多元化的评价方法，包括项目展示、口头报告、书面报告和团队评价等，全面了解学生的综合素质。

7. 团队建设

注重团队建设，培养学生团队合作和沟通的技能，确保项目能够在一个良好的团队氛围中进行。

8. 行业合作与导师支持

与实际行业建立合作关系，邀请行业专业人士担任导师，使学生能够更好地了解职业要求和行业实际情况。

9. 技术支持

利用现代技术工具支持项目式学习，包括在线协作平台、虚拟实验室等，提高学生信息检索和团队协作的效率。

10. 持续改进

在项目实施过程中不断收集反馈，进行总结和改进。这有助于优化项目设计和教学方法，提高学生的学习体验。

11. 培养创新思维

通过项目式学习培养学生的创新思维，鼓励他们提出新颖的解决方案，不断探索新的领域和方法。

12. 社会参与

着眼于社会问题和需求，确保项目与社会实际紧密结合，使学生的学习过程更具有实际社会意义。

13. 个性化学习

为学生提供一定的自主选择权，根据学生的兴趣和能力差异，个性化地设计项目任务，使学生更加积极投入学习。

14. 关注综合素养

除了专业知识和技能，项目式学习也应注重培养学生的综合素养，包括领导力、沟通能力、批判性思维等。

15. 全程指导

导师在整个项目过程中提供全程指导，确保学生在解决问题的过程中能够得到及时的支持和引导。

职业教育项目式学习的基本原理和实施原则共同构成了这一教育模式的理论基础。通过注重实践、问题解决、团队协作等方面的培养，职业教育项目式学习有望更好地满足学生和职业领域的需求，培养更具实际能力和创新精神的专业人才。

（四）职业教育项目式学习的实施策略

职业教育项目式学习的实施策略关乎教育机构、教师及学生的共同努力。这种学习方式注重实践、问题解决和团队合作，因此，其成功实施需要合理的设计、有效的指导和积极的学生参与。以下是一系列实施策略，旨在帮助教育机构顺利推行职业教育项目式学习。

1. 明确学科目标和职业标准

在设计职业教育项目式学习时，首先需要明确学科目标和职业标准。

这有助于确保项目设计与学科知识和职业要求相一致。学科目标和职业标准作为设计的基础，为学生提供清晰的学习方向。

2. 与实际行业建立合作关系

确保项目与实际行业需求紧密相连，与行业建立合作关系，邀请行业专业人士担任导师。行业导师的参与可以为学生提供实际的行业经验和指导，确保项目的实用性和职业导向。

3. 项目设计的多样性

设计多样化的项目，以满足学生的不同学科背景和兴趣。项目可以涵盖不同领域的实际问题，使学生有机会选择与自己专业相关的项目，提高学习的个性化水平和吸引力。

4. 鼓励学生参与项目设计

鼓励学生参与项目设计过程，以确保项目的设计符合他们的兴趣和需求。学生的参与可以增加项目的多样性，同时提高学生对项目的投入感。

5. 导师的角色

教师在职业教育项目式学习中充当导师的角色。导师需要引导学生思考问题、提供资源支持、及时反馈学生的表现。有效的导师支持是项目成功实施的关键。

6. 学生团队的建设

注重学生团队的建设，培养学生的团队协作和沟通技能。为了更好地模拟真实的职业环境，学生通常需要在小组中共同工作，分享责任，共同解决问题。

7. 明确项目周期和任务

设计项目时要有明确的项目周期和任务。学生需要在规定的时间内完成各个阶段的任务，这有助于管理学生的时间，确保项目能够按计划顺利进行。

8. 技术支持的整合

整合现代技术工具支持项目式学习。使用在线协作平台、虚拟实验室等技术工具，提高学生信息检索能力和团队协作的效率，同时让学生熟练运用技术来解决实际问题。

9. 周期性的评估和反馈

在项目实施的不同阶段进行周期性的评估和反馈。及时的反馈可以帮助学生及早发现问题并做出调整，确保项目朝着正确的方向前进。

10. 多元化的评价方法

采用多元化的评价方法，包括项目展示、口头报告、书面报告、团队评价等。这有助于更全面地了解学生的综合素质，而不仅仅是学科知识的掌握。

11. 学生自主学习的培养

鼓励学生主动参与学习过程，培养其自主学习的能力。项目式学习强调学生的主动性，教师可以通过激发学生的兴趣、引导问题提出等方式，培养学生的主动学习意识。

12. 团队合作和沟通技能的培养

注重团队合作和沟通技能的培养。这些技能在职场中至关重要，通过项目式学习，学生能够在团队中锻炼这些能力，提高对职业环境的适应性。

13. 社会责任感的培养

确保项目与社会实际问题紧密结合，培养学生的社会责任感。学生通过解决实际问题，深入了解社会现状，提高对社会问题的关注度，激发解决社会问题的愿望。

14. 实际行业导向

强调实际行业导向，确保项目与行业实际需求紧密结合。学生在项目中不仅解决理论问题，更能够应对真实的职业挑战，为未来职业生涯作好准备。

15. 反思和总结

学生在项目结束后需要进行反思和总结。这有助于他们回顾整个学习过程，从中总结经验教训，形成对知识和技能的深刻理解。

16. 不断改进

在项目实施过程中，持续收集反馈，进行总结和改进。这有助于优化项目设计和教学方法，提高学生的学习体验和实际成果。教育机构和教师应保持项目实施的灵活性，根据学生的反馈和实际效果，不断调整和改进教学策略。

17. 个性化学习支持

为学生提供个性化的学习支持。了解每位学生的学科背景、兴趣和学习风格，根据个体差异调整项目任务，使学生更加积极投入学习。

18. 关注学生情感需求

关注学生的情感需求，建立良好的学习氛围。项目式学习可能会带来挑战和压力，教育机构和教师应关心学生的情感状态，提供必要的支持和鼓励。

19. 培养创新思维

通过项目式学习培养学生的创新思维。鼓励学生提出新颖的解决方案，思考问题的多样性，激发他们的创造性思维，提高独立思考能力。

20. 建立项目库

在教育机构建立项目库，收集和整理各类成功的项目案例。这样的项目库可以为教师提供参考和借鉴，促进教学经验的分享和积累。

21. 与学业规划相结合

将项目式学习与学业规划相结合，帮助学生更好地规划未来的职业发展。通过项目，学生可以更清晰地了解自己的兴趣和能力，为未来的学业和职业生涯做好准备。

22. 提供终身学习支持

强调终身学习的重要性，为学生提供终身学习的支持。培养学生使其具备自主学习和不断适应新知识的能力，使他们在职业生涯中能够持续成长和发展。

23. 建立学生社群

创建学生社群，促进学生之间的交流和合作。学生社群可以是在线平台或实体聚会，帮助学生分享经验、互相支持，并建立持久的学术和职业网络。

24. 灵活的学习环境

提供灵活的学习环境，支持学生在不同场景中进行学习。这可以包括虚拟实验室、在线资源、实地考察等，使学生能够更灵活地获取知识和经验。

25. 教师培训和发展

为教师提供项目式学习的培训和发展机会。教师需要具备设计、指导和评估项目的能力，以更好地引导学生实现项目学习的目标。

26. 建立成功案例的宣传

定期宣传项目式学习的成功案例，以激发更多学生的兴趣。通过分享学生在项目中的成就和学习体验，鼓励更多的学生参与到项目式学习中来。

27. 持续的社会反馈

与社会保持持续的反馈和对话。了解社会对于学生所学技能的实际需求，根据社会反馈调整项目设计，确保学生毕业后更容易适应职场。

28. 建立校企合作

积极建立校企合作，将项目式学习与实际职业领域紧密结合。与企业合作，为学生提供更丰富的实践机会和职业导向的项目。

29. 提供职业规划服务

为学生提供职业规划和就业服务。项目式学习不仅是学科知识的学习，还涉及学生未来的职业发展。学校应提供相关支持，帮助学生更好地规划职业路径。

30. 评估和调整

定期进行项目式学习的评估，收集学生和教师的反馈。基于评估结果，及时调整项目的设计和实施策略，确保项目式学习的效果。

通过综合应用上述实施策略，教育机构可以更好地推行职业教育项目式学习，促进学生的全面发展和职业素质的提升。在推行职业教育项目式学习的过程中，教育机构和教师应根据具体情况灵活运用这些策略，并根据实际反馈进行调整，以不断优化学习过程和提高学生的学习体验。

（五）项目式学习面临的挑战

项目式学习作为一种教育方法，在教育领域逐渐受到重视，并在全球范围内得到推广。这种学习方式强调学生通过参与实际项目来获取知识和技能，强调解决问题的能力和团队合作。然而，尽管项目式学习有许多优势，但也面临一些挑战，同时也有着广阔的未来。

项目式学习面临的挑战有以下五个方面。

1. 教育体系转变

传统的教育体系通常侧重课堂教学和考试，项目式学习需要学校和教育机构进行教育理念和教学方式的根本性转变。这对于一些传统保守的教育体系来说可能是一项巨大的挑战。

2. 教师培训和支持

项目式学习需要教师具备不同的教学技能和领导能力，以引导学生完成项目。因此，教师的培训和支持成为一个重要的问题，尤其是在推广这种学习方式的初期。

3. 资源不足

一些学校可能面临实施项目式学习时资源有限的问题，包括缺乏足够的设备、技术支持和项目所需的实际资金。

4. 评估难题

传统的考试和评估方式难以适应项目式学习的特点。如何客观、全面地评估学生的项目成果成为一个亟待解决的问题。

5. 学生动力

一些学生可能面临在自主学习、解决问题和团队协作方面的挑战。学生的动力问题可能导致项目无法充分发挥其教育价值。

（六）项目式学习产生的影响

项目式学习对教育体系产生了积极影响，具体有以下五个方面。

1. 培养实际技能

项目式学习强调实践和解决问题的能力，有望更好地培养学生在未来职业生涯中所需的实际技能。随着技术的发展，这些实际技能将更加受到社会和市场的重视。

2. 个性化学习

项目式学习为学生提供了更多个性化学习的机会，因此学生可以选择感兴趣的项目，并在解决问题的过程中发现和发展自己的潜力。

3. 创新思维

项目式学习鼓励创新思维和创造力。未来，这种学习方式有望培养出更多具有创新精神的人才，推动社会的发展和进步。

4. 跨学科整合

项目式学习促使不同学科的知识在实际项目中得到整合。这有助于学生更好地理解知识的联系，培养综合素养。

5. 技术支持

随着技术的不断进步，项目式学习将更好地利用在线资源、虚拟现实和人工智能等技术，提供更丰富、深入的学习体验。

总体而言，项目式学习在面临挑战的同时，也为未来的教育体系带来了积极的变革。解决这些挑战需要全社会的共同努力，包括教育机构、政府、教育从业者及学生和家长的参与。通过克服挑战，项目式学习有望在未来成为培养创新、实践能力的重要教育方式。

（七）未来展望

1. 个性化学习

未来项目式学习有望更加注重个性化学习。通过给予学生更多选择权，让他们在项目中发挥自己的特长和兴趣，实现更加个性化的学习体验。

2. 全球性项目

随着全球化的发展，未来的项目式学习可能更加关注全球性问题。学生通过参与全球性项目，能够更好地理解全球职业发展的趋势和挑战。

3. 行业合作

未来项目式学习可以与行业开展深度合作。通过与企业、机构的合作，学生能够参与真实项目，更好地适应职业领域的需求。

4. 数字化工具应用

未来，数字化工具在项目式学习中的应用将更为广泛。虚拟实境、在线协作平台等技术工具可以为项目的实施提供更多可能性，拓展学生的学习场景。

5. 跨学科融合

未来的项目式学习可能更加注重跨学科的融合。这有助于全面培养学生的能力，使其能够在跨学科的工作环境中更好地发挥作用。

职业教育项目式学习是一种能够培养学生实际应用能力、解决问题能力及团队协作能力的有效学习模式。通过注重实践、与职业实际贴合，项目式学习更好地连接了学校和职业世界。然而，职业教育项目式学习也面临一些挑战，包括资源投入、评估问题、学生自主性等，需要学校、机构和教育者共同努力克服。未来，随着技术的发展和教育理念的不断演进，职业教育项目式学习有望在更大范围内得到应用，为学生提供更为丰富和实用的学习体验。

三、职业教育协同学习与团队合作

职业教育的目标是培养学生在特定职业领域中所需的知识、技能和素养。协同学习和团队合作作为有效的教学方法，被广泛运用于职业教育中。

本书将深入探讨职业教育中协同学习和团队合作的重要性、基本原理、实施策略，以及面临的挑战与未来展望。

（一）职业教育中协同学习与团队合作的重要性

职业教育一直是培养学生实际技能和适应职场需求的重要途径。在这一过程中，协同学习和团队合作被认为是至关重要的因素。这两者相辅相成，共同为学生提供了更全面、更贴近职业实践的培训。以下是协同学习与团队合作在职业教育中的重要作用，以及对学生职业发展的积极影响。

1. 协同学习的重要作用

（1）知识共享与互助：协同学习强调学生之间的互动和合作，鼓励知识共享和互助。通过共同探讨问题和解决方案，学生能够更深入地理解课程内容，并从同学的经验中学到更多。

（2）提高问题解决能力：协同学习培养学生的问题解决能力。在小组中，学生需要共同思考和解决问题，这有助于锻炼他们的批判性思维和创造性解决问题的能力。

（3）促进自主学习：协同学习激发学生的自主学习动机。在小组中，学生更有可能自发地深入学习，因为他们知道自己的学习进展与整个小组的成就密切相关。

（4）培养团队协作技能：协同学习是培养团队协作技能的理想平台。学生学会在团队中有效沟通、协调分工和解决冲突，这些都是在职场中必不可少的技能。

（5）多元化的视角：协同学习汇聚了不同背景和经验的学生，从而为问题的解决提供了多元化的视角。这种多元化的学习环境有助于拓展学生的思维和视野。

2. 团队合作的重要作用

（1）模拟职场环境：在职业教育中，团队合作模拟了职场的真实环境。在职业领域，很少有工作是单独完成的，团队合作成为了成功的关键。

（2）分工合作：团队合作有助于学生学会分工合作。在现实工作中，任务通常需要由不同专业背景和技能的人共同完成。团队合作培养了学生适应不同角色和职责的能力。

（3）提高沟通技能：团队合作强调有效沟通，这是在职场中至关重要的技能。学生通过与团队成员协作，学到了清晰表达观点、倾听他人意见的技能。

（4）培养领导力：在团队合作中，学生有机会展现领导力和团队协调能力。这种经验对于他们未来在职场中升迁和领导团队至关重要。

（5）共同目标的追求：团队合作将学生聚焦在共同的目标上，这有助于培养学生的集体责任感和团队合作精神。

3. 协同学习与团队合作的综合作用

（1）实践应用：通过协同学习和团队合作，学生能够将学到的理论知识应用到实际问题中。这种实践性的学习经验更有助于他们在职场中取得成功。

（2）培养创新力：团队合作鼓励成员分享不同的观点和想法，促进创新的产生。在职业教育中，培养创新力是非常重要的，因为职场需要有能力应对变革和创造新解决方案的人才。

（3）建立职业网络：协同学习和团队合作提供了建立职业网络的机会。学生通过与同学和教师的密切合作，建立起职业上的人际关系，这对于未来职业的发展至关重要。

（4）提高职场竞争力：在协同学习和团队合作中培养的技能，例如领导力、沟通技能、团队协作等，使学生在职场中更具竞争力。雇主更倾向于招聘具备这些综合能力的员工。

总体而言，协同学习和团队合作在职业教育中的重要性不可忽视。这不仅有助于学生更好地适应未来职业环境，还培养了一系列在职场中必不可少的能力。通过这样的教育模式，学生不仅仅是获取知识，更是被培养成为适应未来职业需求的全面人才。

（二）协同学习与团队合作的基本原理

协同学习与团队合作是教育和职场中广泛采用的两种重要学习和工作方式。它们背后有一系列基本原理，这些原理是支撑协同学习和团队合作取得成功的关键。以下是协同学习与团队合作的基本原理，以及它们在教育和职业环境中的应用。

1. 协同学习的基本原理

（1）社会建构主义：协同学习的一个基本原理是社会建构主义，强调学习是一个社会活动，是通过与他人互动和合作来建构知识的过程。学生在小组中共同探讨、解决问题，从而更深刻地理解和应用知识。

（2）共享知识：协同学习鼓励学生分享彼此的知识和经验。通过分享，学生不仅能够提高自己的理解水平，还能够为团队提供多样化的观点和见解。

（3）互助学习：协同学习强调学生之间的互助学习。在小组中，学生可以相互解答问题、共同解决困难，这有助于加深他们对学科内容的理解。

（4）共同目标：协同学习的原理之一是设定共同的学习目标。小组成员在共同的目标下协作，有助于凝聚团队，使每个成员明确自己的责任和贡献。

（5）促进自主学习：协同学习激发学生主动学习的动机。在小组中，学生更有可能自发地深入学习，因为他们知道自己的学习进展与整个小组的成功紧密相关。

（6）多元智能的应用：协同学习支持多元智能的理念，认为学生在不同领域有着不同的天赋和才能。小组成员可以通过整合各自的多元智能，共同完成任务。

2. 团队合作的基本原理

（1）互相依赖：团队合作的基本原理之一是互相依赖。每个团队成员都对整体目标的实现有贡献，团队的成功依赖于每个成员充分发挥自己的潜力。

（2）分工协作：团队合作强调分工协作。通过合理分配任务，团队能够更高效地完成工作，每个成员专注于自己的领域，提高工作效率。

（3）有效沟通：团队合作的成功离不开有效的沟通。成员之间需要清晰明了地传递信息、分享想法，以确保团队整体方向的一致性。

（4）共同决策：在团队中，决策通常是共同制定的。成员之间共同讨论、参与决策过程，这有助于提高团队的凝聚力和认同感。

（5）灵活性和适应性：团队合作需要具有灵活性和适应性。成员需要根据任务的不同要求，灵活调整自己的角色和贡献，以适应不同的情境。

（6）共享资源：团队合作鼓励成员共享资源，包括知识、技能和经验。这种共享有助于提高整个团队的综合素质和创造力。

3. 协同学习与团队合作的结合应用

（1）共同学习目标：将协同学习与团队合作结合，可以建立共同的学习目标。小组成员在共同学习目标下协作，既可以互相学习，又可以培养团队协作技能。

（2）任务分工与互助：团队合作中的任务分工可以与协同学习的互助学习结合，成员在分工的同时通过互相帮助提升整个团队的水平。

（3）有效沟通与知识共享：协同学习的有效沟通原则与团队合作中的知识共享原则相互补充。通过有效沟通，团队成员能更好地分享知识、理解对方的观点，从而提高团队整体的表现。

（4）共同解决问题：协同学习强调学生共同解决问题的能力，而团队合作为共同解决问题提供了一个实践的平台。学生可以通过团队协作更好地应用解决问题的策略。

（5）综合多元智能：将协同学习与团队合作结合，可以更好地综合多元智能。不同团队成员通过各自的才能和专业领域的贡献，共同完成任务，提高整个团队的综合能力。

总的来说，协同学习和团队合作的基本原理相辅相成，它们在教育和职业领域的应用互为补充，形成了一种综合性的学习和工作方式。结合这两者，不仅可以提高个体学生的学业水平，还能够培养他们在未来职场中所需的团队合作和协同工作的能力。

4. 应用于教育领域的案例

（1）项目式学习：项目式学习是一个很好的结合协同学习和团队合作的案例。学生通过参与真实的项目，共同解决问题，分工合作，达到共同的学习目标。这不仅能够培养学生的实际问题解决能力，还能够锻炼他们在团队中协同工作的能力。

（2）小组讨论与合作学习活动：在课堂中，教师可以组织小组讨论和合作学习活动。通过小组合作，学生能够分享知识、互相帮助，同时在共同的学习目标下协同努力，提高整个小组的学业成绩。

（3）实验室课程：在科学、工程等领域，实验室课程通常要求学生组成小组进行实验和研究。这种实践型的学习环境既能够让学生在实验中协同合作，又能够促使他们共同探索和发现知识。

（4）团队项目：学校或课程可以设立团队项目，要求学生组成小组完成一项综合性的任务。通过这样的团队项目，学生能够体验团队合作的挑战和乐趣，同时培养在团队中有效协同工作的能力。

5. 应用于职业领域的案例

（1）团队项目和创新：在职场中，团队项目和创新是非常常见的工作形式。员工需要在团队中协同工作，共同解决公司面临的挑战，并为创新提供新的想法。具备协同学习和团队合作经验的员工更容易适应这种工作环境。

（2）团队培训和发展：公司通常会组织团队培训和发展活动，旨在提高员工在团队中的协同工作能力。这种培训不仅强调团队合作的原则，也包括协同学习的方法，以促使员工更好地学习和成长。

（3）跨部门合作：在大型组织中，跨部门合作是非常普遍的。员工需要与来自不同专业领域的同事协同工作，共同完成公司的战略目标。这要求员工具备协同学习的能力，能够理解和融合不同领域的知识。

（4）虚拟团队协作：随着全球化和科技的发展，虚拟团队协作成为一种常见的工作方式。团队成员可能分布在不同的地理位置，通过在线协同工作完成任务。这要求员工具备在虚拟环境中进行协同学习和团队合作的能力。

在职业教育领域中，协同学习和团队合作不仅仅是一种教育理念，更是一种实际应用。通过将这两者结合起来，能够更好地满足学生和职业人士的综合性需求，培养具备团队协作和协同学习能力的未来领导者和专业人才。

（三）协同学习与团队合作的实施策略

协同学习和团队合作的成功实施需要仔细设计有效的策略，以确保学生或团队成员能够充分参与、发挥各自优势并达到共同的目标。以下是协同学习与团队合作的实施策略，这些策略涵盖了教育和职业领域的多个层面。

1. 教育领域的实施策略

（1）明确学习目标：在设计协同学习活动之前，教育者应明确学习目标。这有助于确保协同学习的过程能够有效地支持学生达到预期的学习效果。

（2）小组成员的多样性：在组建小组时，要确保小组成员的多样性，包括专业背景、技能水平、性格特点等。多样性有助于提供不同的视角和解决问题的途径。

（3）明确角色和责任：每个小组成员在协同学习中应有明确的角色和责任。这有助于避免任务重叠，提高工作效率，同时促使团队成员之间相互依赖。

（4）培训和支持：教育者应提供必要的培训和支持，以帮助学生掌握团队合作和协同学习的技能。这包括沟通技巧、冲突解决、团队动力等方面的培训。

（5）设立反馈机制：建立有效的反馈机制，使学生能够及时了解自己和团队的表现。反馈可以来自同伴、教师或自我评估，有助于学生不断改进和成长。

（6）技术支持：利用现代技术提供支持，使得学生能够在线上协同工作。这包括在线协作工具、虚拟团队平台等，以促进实时的信息共享和合作。

（7）创建鼓励性的学习氛围：在教育环境中，创造一个鼓励开放讨论和尊重多元观点的学习氛围。学生需要感到安全，以便分享自己的意见和经验。

（8）定期评估：定期评估协同学习的效果，收集学生的反馈和建议，从而不断改进教学设计和策略。

2. 职业领域的实施策略

（1）明确团队目标：在职业环境中，确保团队明确共同的目标是至关重要的。这有助于确保每个团队成员都朝着相同的方向努力。

（2）建立强团队文化：促进强团队文化，强调共享价值观、目标和工作原则。这有助于增强团队凝聚力，使成员更愿意为团队的成功共同努力。

（3）培训和发展：为团队成员提供必要的培训和发展机会，以提高其团队合作技能。这可以包括领导力培训、沟通技巧培训等。

（4）有效沟通：在团队合作中，有效的沟通至关重要。确保团队成员之间的信息流畅，建立起透明、开放的沟通渠道。

（5）鼓励创新：鼓励团队成员提出新的想法和解决问题的方法。创新是团队合作中取得成功的关键。

（6）分工与协作：确保任务合理分工，同时注重协同工作。每个团队成员应了解自己的任务，同时也要明白如何与其他成员协同工作以实现共同的目标。

（7）建立信任：在团队中建立信任是至关重要的。信任是团队合作的基础，它有助于团队成员更好地共享信息、倾听对方的意见，并共同解决问题。

（8）灵活性和适应性：在职业环境中，团队需要具备灵活性和适应性，以迅速应对变化。这要求团队成员具备学习新技能和适应新环境的能力。

（9）奖励与认可：为团队合作的成功设立奖励机制，同时进行公正的认可。这有助于激发团队成员的积极性，提高团队整体的成绩。

（10）定期评估和反思：团队应定期评估团队合作的效果，并进行反思。这有助于识别问题、改进工作流程，并确保团队不断发展和提高。

3. 综合实施策略

（1）整合协同学习和团队合作：在教育和职业领域，整合协同学习和团队合作的元素。这意味着既要注重培养个体学生的协同学习技能，又要关注团队合作的组织和管理。

（2）明确目标与期望：确保在协同学习和团队合作的实施中，明确目标和期望。学生或团队成员需要清晰了解他们的任务、目标，以及如何共同努力以取得成功。

（3）建立支持系统：提供适当的支持系统，包括教育领域的导师和辅导员，以及职业环境中的领导和导师。这些支持系统可以为学生或团队提供指导、反馈和支持。

（4）促进自主学习：协同学习和团队合作应该促进自主学习。这意味着学生或团队成员在实际工作中能够独立思考、自主解决问题，并主动寻找学习机会。

（5）培养解决问题的能力：协同学习和团队合作的目标之一是培养解决问题的能力。确保学生或团队成员具备分析问题、提出解决方案，并将其付诸实践的能力。

（6）多层次的评估：实施多层次的评估机制，既包括个体学生的表现，也包括整个团队的绩效。这有助于评估整个协同学习和团队合作的过程，为持续改进提供反馈。

（7）鼓励反馈文化：鼓励开放和建设性的反馈文化，使学生或团队成员能够互相学习，分享经验，并在工作中取得更好的表现。

（8）设立挑战和目标：在协同学习和团队合作中设立适当的挑战和目

标。挑战能够激发学生或团队的积极性，而明确的目标有助于提供方向感和达成共同理解。

（9）灵活运用角色分工：考虑在学生或团队中采用灵活的角色分工。有时可能需要一个项目经理来协调工作，而在其他情况下可能需要更平等的角色分工以促进共同学习。

（10）促进知识共享：确保在学习和工作中鼓励和促进知识的共享。这包括将个体成员的专业知识共享给整个团队，以提高整个团队的综合素质。

（11）定期回顾和改进：在协同学习和团队合作的实施过程中，定期进行回顾和改进。这有助于发现潜在的问题、调整策略，并确保学生或团队能够持续发展。

（12）激发团队精神：通过激发团队精神，营造积极向上的氛围。建立一种文化，使团队成员感到大家是共同追求成功的一个整体。

最终，协同学习和团队合作的实施策略需要根据具体情境进行调整。在实际操作中，根据学科、学生群体和目标等因素，灵活运用这些策略以最大程度地提高学习和工作效果。重要的是，教育者和领导者应该保持开放的心态，鼓励创新，以适应不断变化的教育和职业环境。

（四）协同学习与团队合作面临的挑战与未来展望

协同学习与团队合作作为教育和职业领域中不可或缺的要素，面临着一系列挑战和机遇。理解和应对这些挑战，并展望未来的发展方向，对于推动协同学习和团队合作的有效实践至关重要。

1. 面临的挑战

（1）多样性管理难题：在团队合作中，来自不同文化、专业背景和教育水平的成员多样性可能导致沟通和理解难题。有效地管理这种多样性，以促进协同学习，是一个挑战。

（2）技术和工具的依赖：虽然技术和在线工具在促进远程协同学习和团队合作方面发挥了关键作用，但对技术的过度依赖可能导致技术能力不足的问题，并增加了安全和隐私的风险。

（3）团队协作的动力问题：团队中成员之间的合作动力差异可能是一个挑战。一些成员可能对团队目标充满激情，而另一些可能缺乏积极性，这可能影响整个团队的绩效。

（4）管理和领导挑战：有效的团队合作需要强大的领导和管理。缺乏领导力、沟通问题或决策不当可能导致团队失去方向，影响任务的顺利完成。

（5）时间和空间的限制：在全球化的背景下，团队成员可能分布在不同的地理位置，不同的时区，这可能导致协同学习和团队合作受到时间和空间的限制。

2. 未来展望

（1）智能化技术的应用：随着人工智能和机器学习技术的不断发展，未来可以期待这些技术在协同学习和团队合作中的更广泛应用。智能化技术可能提供个性化的学习支持，改善协同决策过程，并增强团队效能。

（2）虚拟现实和增强现实的整合：虚拟现实和增强现实技术的进步将为协同学习和团队合作带来新的可能性。通过模拟真实情境，学生和团队成员可以更全面地参与学习和工作过程。

（3）跨学科合作的推动：未来将更加强调跨学科的合作。在协同学习中，学生可能需要与来自不同专业领域的同学合作，以应对日益复杂的问题。在职业领域中，跨学科团队将更多地融合各种专业知识和技能。

（4）个性化学习路径的发展：利用技术和数据分析，可以更好地了解学生的学习风格和需求。未来，教育系统可能更加关注个性化学习路径的设计，以满足每个学生的独特需求。

（5）全球化团队的协作：尽管全球化带来了时间和空间上的挑战，但也创造了更多国际合作的机会。未来，人们可以期待全球团队通过在线平台进行更深入的协同学习和团队合作，从而促进国际间的知识共享和交流。

（6）数据驱动的评估和改进：利用大数据和分析工具，可以更好地监测和评估协同学习和团队合作的效果。未来，这种数据驱动的方法将帮助教育者和领导者更好地理解学生或团队的需求，及时调整教学设计和工作流程，以实现不断改进和提高。

（7）社交学习平台的发展：社交学习平台将在未来发挥更为重要的作用。这些平台不仅为学生提供了在线协同学习的空间，还为他们提供了社交交流、资源分享和合作的机会，有助于建立更加紧密的学习社群。

（8）心理学和情感智能的融合：未来的协同学习和团队合作可能更加关注学生的心理健康和情感状态。整合心理学和情感智能的元素，有助于创造更具支持性和鼓励性的学习和工作环境。

（9）可持续发展和社会责任：未来的协同学习和团队合作的目标可能更加注重可持续发展和社会责任。学生和团队成员可能更多地参与解决社会问题的合作项目，以培养他们的社会责任感。

（10）跨文化团队合作的培养：随着全球化的深入，未来的团队合作将更加跨文化。学生和职场人士需要培养在跨文化环境中合作的能力，包括理解不同文化背景下的沟通方式、价值观和工作习惯。

（11）终身学习的推动：未来的教育和职业领域将更加强调终身学习。协同学习和团队合作将成为终身学习的重要手段，帮助个体适应不断变化的知识和技能需求。

（12）伦理和隐私问题的关注：随着技术的发展，未来协同学习和团队合作将需要更加关注伦理和隐私问题。确保数据安全、尊重个体隐私成为未来发展的一个重要方向。

总的来说，尽管协同学习和团队合作面临诸多挑战，但它们同时也充满了机遇和潜力。通过有效地整合技术、创新教学方法，以及培养学生和职业人士的团队合作能力，协同学习将在教育和职业领域发挥更为重要的作用。这需要全球教育和企业领域的持续努力，以不断优化协同学习和团队合作的实践，为未来培养更具创造力和适应力的学生和职业人才。

（五）未来展望

1. 虚拟团队合作

随着远程工作和虚拟协作的普及，未来的职业教育可能更加注重虚拟团队合作。学生需要具备在线协作的能力，熟练使用协同工具，适应不同地域的合作环境。

2. 跨文化协同

在全球化的时代，学生可能需要与来自不同文化背景的人合作。未来的职业教育可以更加注重跨文化协同学习，培养学生的跨文化沟通和合作能力。

3. 个性化协同学习

基于学生个体差异，未来的教育模式可以更加个性化。教育者可以根据学生的兴趣、能力和学习风格，设计个性化的协同学习方案，提高学习的针对性和效果。

4. 人工智能支持

人工智能技术可以在协同学习和团队合作中提供更多支持。通过智能辅助工具，学生可以获得个性化的学习建议、团队合作指导等，提升学习效果。

5. 社会责任感培养

协同学习和团队合作是培养学生社会责任感的重要途径。未来的职业教育可以更加注重培养学生的团队协作精神，使其在职业发展中更加注重社会责任。

职业教育中的协同学习与团队合作是培养学生实际工作所需技能的重要手段。通过模拟真实职业环境，学生在团队合作中不仅学到专业知识，还培养了沟通、协调和解决问题的能力。然而，职业教育中协同学习也面临一些挑战，包括个体差异、团队冲突、评估问题等，需要学校、机构和教育者共同努力。未来，随着教育技术的发展和全球化的推进，协同学习与团队合作有望在职业教育中发挥更为重要的作用，为学生提供更加综合和实用的学习体验。

四、虚拟现实与增强现实在职业教育教学中的应用

虚拟现实和增强现实是近年来迅速发展的技术，它们在职业教育领域的应用呈现出巨大的潜力。这两项技术通过模拟和增强真实世界的感知，为学生提供沉浸式的学习体验，加强实际操作和实践能力的培养。本书将深入探讨虚拟现实与增强现实在职业教育中的应用，涵盖其重要性、基本原理、实施策略，以及面临的挑战和未来展望。

（一）虚拟现实与增强现实在职业教育中的重要性

1. 沉浸式学习体验

虚拟现实与增强现实技术可以提供高度沉浸式的学习体验，使学生仿佛置身于真实的职业场景中。这种沉浸式体验有助于加深学生对职业技能和操作的理解。

2. 实践能力培养

虚拟现实可以模拟真实的工作环境，让学生在虚拟空间中进行实际操作，从而培养实践能力。增强现实则通过在真实世界中叠加虚拟信息，提供实时的指导和反馈。

3. 安全性和成本效益

在某些职业领域，实际操作可能涉及一定的风险，而虚拟现实提供了在安全环境中进行练习的机会。此外，虚拟现实和增强现实可以降低实际实施培训的成本，特别是在购买和维护大型设备方面。

4. 个性化学习

这两项技术允许教育者根据学生的学习风格和水平定制课程。通过个性化的虚拟场景和体验，学生可以更灵活地学习，按照自己的步调和需求进行培训。

（二）虚拟现实与增强现实的基本原理

1. 虚拟现实的基本原理

（1）沉浸式环境：虚拟现实通过使用头戴式显示器、手柄和传感器等设备，将用户完全沉浸在虚拟环境中。用户可以通过头部和手部动作与虚拟环境进行交互。

（2）三维图形和模拟：虚拟现实使用高质量的三维图形和模拟技术，使用户感觉自己置身于一个逼真的虚拟空间中。

（3）实时互动：用户的动作和操作在虚拟环境中实时反映，增强了用户对虚拟环境的身临其境感。

2. 增强现实的基本原理

（1）物理世界叠加：增强现实通过将虚拟信息叠加在真实世界中，为用户提供增强的视觉和感知体验。这可以通过智能眼镜、手机或平板电脑等设备实现。

（2）实时信息传递：增强现实技术能够实时分析和识别用户所看到的场景，并为其提供相应的信息，如文字、图像或视频。

（3）交互性：增强现实允许用户与虚拟信息进行交互，例如通过触摸、手势或语音命令。这种交互性提供了一种更为自然和直观的学习方式。

（三）虚拟现实与增强现实在职业教育中的实施策略

1. 明确学习目标

在使用虚拟现实和增强现实技术之前，教育者需要明确学习目标，确定这些技术如何支持课程目标。这有助于更有针对性地设计虚拟场景和内容。

2. 选择适当的硬件和软件

根据学科和学习需求选择适当的硬件设备，如虚拟现实头戴式显示器或增强现实眼镜，以及相应的软件平台。不同的领域可能需要不同类型的技术支持。

3. 设计互动体验

利用技术的互动性，设计能够引导学生主动参与的虚拟场景。包括模拟实际操作、解决实际问题的场景，以及能够激发学生好奇心和主动学习的体验。

4. 个性化学习路径

利用技术的个性化特点，为学生提供定制的学习路径。通过分析学生的学习数据，调整虚拟或增强现实场景，使其更符合个体学生的学习需求和水平。

5. 整合课程内容

将虚拟现实和增强现实技术整合到正规的课程内容中，使其成为学习的一部分，而不是独立的工具。这有助于确保技术的使用与学习目标的一致性。

（四）虚拟现实与增强现实在职业教育中面临的挑战与未来展望

1. 挑战

（1）成本：虚拟现实和增强现实的设备和软件成本较高，可能给一些学校和机构造成负担。

（2）技术标准：目前缺乏一致的技术标准，不同设备和平台之间的兼容性问题可能影响使用的灵活性。

（3）师资培训：教育者需要接受培训，以适应新技术的使用，这可能需要额外的时间和资源。

2. 未来展望

（1）发展成熟的技术：随着技术的不断发展，虚拟现实和增强现实技术有望更加成熟，设备更加普及，从而降低成本。

（2）标准化：行业和教育界可能制定更多的标准，以促进设备和软件的兼容性，提高使用的灵活性。

（3）创新内容开发：未来有望涌现更多创新的虚拟和增强现实内容，满足不同领域的学习需求。

（4）跨学科整合：虚拟现实和增强现实技术有望更多地与其他技术整合，如人工智能、大数据分析，以提供更为全面的学习体验。

虚拟现实与增强现实技术为职业教育带来了全新的学习范式。它们不仅提供了沉浸式的学习体验，还能够有效地培养学生的实践能力和解决问题的能力。然而，在职业教育中应用虚拟现实和增强现实技术面临的挑战包括成本、技术标准和师资培训等方面，需要全社会的共同努力来克服。未来，随着技术的不断进步和教育理念的演变，虚拟现实与增强现实有望在职业教育中发挥越来越重要的作用，为学生提供更为创新和实用的学习体验。

第三节　教学设计原则

一、职业教育个性化学习路径设计

随着教育理念的不断发展和技术的迅速进步，个性化学习路径成为职业教育领域中的一项重要创新。个性化学习路径设计旨在根据学生的兴趣、学科水平和学习风格，提供定制化的学习经验，以促进更有效的知识掌握和实际能力培养。本书将深入探讨职业教育中个性化学习路径的设计，包括其重要性、设计原则、实施策略，以及未来发展的展望。

（一）职业教育中个性化学习路径的重要性

1. 满足学生差异性需求

学生在兴趣、学科水平、学习风格等方面存在差异，传统的一刀切式教学难以满足所有学生的需求。个性化学习路径设计能够更好地考虑学生的个体差异，使每个学生都能够在适合自己的学习环境中发展。

2. 提高学习动机和参与度

通过根据学生的兴趣爱好和职业志向设计个性化学习路径，能够激发学生的学习动机和兴趣。学生更有可能在他们感兴趣的学科领域中投入更多的时间和精力。

3. 强化实际应用和实践能力

个性化学习路径可以更好地融入实际应用和实践，使学生能够更深入地了解所学知识的实际应用场景，培养实际操作和解决问题的能力。

4. 提高学习效果和个体发展

通过个性化的学习路径，每个学生都能够更加深入地理解所学内容，从而提高学习效果。此外，个性化学习有助于培养学生独立思考和学习的能力，推动个体的全面发展。

（二）职业教育个性化学习路径设计的基本原则

1. 灵活性

个性化学习路径应该具有一定的灵活性，允许学生在一定的框架内选择适合自己的学习方向。这有助于适应不同学科领域和个体差异。

2. 实时反馈

设计个性化学习路径时，应该整合实时反馈机制。及时的反馈可以帮助学生了解自己的学习状态，指导他们调整学习策略，更好地实现个人学习目标。

3. 多元化资源

个性化学习路径需要整合多元化的学习资源，包括文本、视频、实践项目等。这有助于满足不同学生对于学习资源的需求，提高学习形式的多样性。

4. 关注综合素养

个性化学习路径的设计不仅应关注专业知识的传授，还应注重培养学生的综合素养，包括沟通能力、创新思维和团队协作等。

（三）职业教育个性化学习路径设计的实施策略

1. 学生评估和定制

在个性化学习路径的设计阶段，通过对学生的兴趣、学科水平、学习风格等进行评估，制订个性化的学习计划。这可以通过调查问卷、学科测验、面谈等方式完成。

2. 技术支持和平台建设

个性化学习路径需要依托先进的技术支持，包括学习管理系统、人工智能辅助学习等。建设一个灵活、可扩展的平台是个性化学习路径成功实施的关键。

3. 教师和导师培训

教师和导师在个性化学习路径中扮演重要角色，需要具备设计和支持个性化学习的能力。他们需要接受培训，了解如何评估学生需求、调整学习路径，并使用相关技术工具提供支持。培训内容可以包括个性化学习理论、教育技术的应用、实时反馈的有效提供等方面。

4. 个性化课程设计

基于学生的兴趣和学科水平，设计富有启发性和实践性的个性化课程。这可能包括针对不同能力水平的不同难度层次的任务，以及提供学科交叉的学习机会。

5. 实时反馈机制

引入实时反馈机制，通过学习管理系统、在线测验等方式实时了解学生的学习状态。这有助于及时发现问题、调整学习路径，提高个性化学习的效果。

（四）面临的挑战和未来展望

1. 挑战

（1）技术基础设施：一些学校和机构可能缺乏足够的技术基础设施来支持个性化学习路径的实施，包括网络带宽、设备等。

（2）师资水平：教师需要具备设计和实施个性化学习路径的能力，这对于一些传统教育系统中的教师可能是一项挑战。

（3）评估体系：传统的评估体系可能难以适应个性化学习，如何进行客观、全面的学生评估仍然是一个待解决的问题。

2. 未来展望

（1）教育技术的进步：随着教育技术的不断发展，更加智能、自适应的学习系统将进一步支持个性化学习路径的设计和实施。

（2）数据驱动决策：利用大数据和学习分析技术，个性化学习路径将更加基于数据，能够更好地了解学生的学习需求，提供更有针对性的支持。

（3）教育理念变革：个性化学习路径的推行需要伴随教育理念的变革，包括对于学生个体差异的更加尊重和关注。

个性化学习路径设计是职业教育领域中的一项重要创新，旨在更好地满足学生个体差异，提高学生学习效果和实际能力。其基本原则包括灵活性、实时反馈、多元化资源和关注综合素养。在实施中，需要综合考虑学生评估、技术支持、导师培训、个性化课程设计和实时反馈机制等因素。尽管存在一些挑战，但随着技术的进步和教育理念的变革，个性化学习路径有望在未来成为职业教育的主流，推动学生更好地发展个人潜力和适应未来职业挑战。

二、职业教育实践导向的课程设计

职业教育的目标是为学生提供实用的知识和技能，使其能够顺利融入职场并胜任特定职业。在这一背景下，实践导向的课程设计成为关键的教学策略。实践导向的课程设计注重培养学生在实际工作场景中所需的技能，强调理论与实践的紧密结合。本书将深入探讨职业教育实践导向的课程设计，包括设计原则、实施策略、案例分析，以及未来发展的展望。

（一）实践导向的课程设计原则

1. 行业需求导向

课程设计应该基于当前和未来行业的需求，关注行业趋势、技术发展和职业要求，确保培养出的学生具备行业所需的实际能力。

2. 综合能力培养

课程设计不仅关注专业知识，还应注重培养学生的综合能力，包括沟通能力、团队协作、问题解决能力等。这有助于提高学生在职场中的竞争力。

3. 理论与实践结合

课程内容应该融合理论知识和实际操作，通过实际案例、项目、实习等方式让学生将理论知识应用于实践，提高其实际问题解决能力。

4. 建立反馈机制

设计一个有效的反馈机制，使学生能够在实践中得到及时的反馈，帮助他们了解自己的优势和改进空间，促进持续学习和成长。

（二）实施策略

1. 产业合作

与相关产业建立紧密的合作关系，确保课程内容与实际工作需求相符。这可以通过行业专业人士的讲座、实地考察、企业合作项目等方式实现。

2. 实际项目整合

将实际项目融入课程设计，使学生在解决实际问题的过程中应用所学知识。这有助于培养学生的创新能力和实际操作技能。

3. 实习与实训

安排学生参与实习和实训，让他们在真实的工作环境中接触业务流程、工作流程，并通过实际操作提高技能水平。

4. 案例分析

使用真实的案例进行分析，让学生通过讨论和解决问题的过程学到实际应用的经验。案例分析可以涵盖行业的多个方面，从而更全面地培养学生的综合能力。

5. 虚拟实验室

利用虚拟实验室技术，为学生提供模拟真实工作场景的机会。这在某些领域的实际操作较为困难的情况下尤为重要。

（三）案例分析：实践导向的课程设计

以酒店管理专业为例，设计一个实践导向的课程——"酒店客户服务与管理"。

1. 课程目标

培养学生使其具备优秀的客户服务技能和酒店管理能力，包括沟通技巧、团队协作和问题解决等。

2. 课程内容

（1）理论学习：了解酒店客户服务的基本理论，包括服务流程、客户体验管理等。

（2）实际案例分析：通过分析真实酒店的案例，学生了解不同情境下的客户服务挑战，并提出解决方案。

（3）模拟实训：设置虚拟酒店场景，进行模拟实训，让学生在模拟环境中进行客户服务操作，提高实际操作技能。

（4）产业合作：与当地酒店业建立合作关系，邀请酒店经理和服务员进行讲座，分享实际工作经验，并提供实地参观机会。

（5）实习：安排学生在相关酒店进行实习，将所学知识应用于实际工作中，接触真实的客户服务场景。

（6）项目设计：设计项目任务，要求学生团队合作解决酒店管理中的实际问题，如提升客户满意度、改进服务流程等。

（四）未来发展的展望

1. 教育技术的运用

随着教育技术的不断发展，可以更广泛地应用虚拟现实和增强现实等技术来支持实践导向的课程设计。通过虚拟现实，学生可以在模拟的环境中进行实际操作，从而增加实践经验。

2. 全球化合作

职业教育可以通过与国际企业和机构的合作，将实践导向的课程设计融入全球化的背景。学生可以通过跨文化合作项目，更好地适应国际化的职业环境。

3. 个性化学习路径

结合个性化学习路径的理念，将实践导向的课程设计更加精细化，根据学生的兴趣和擅长领域进行定制，使学习更贴近个体需求。

4. 社会责任与可持续发展

强调实践导向课程设计中的社会责任和可持续发展。例如，在商业管理课程中引入企业社会责任的概念，培养学生在实际工作中注重社会和环境的意识。

5. 跨学科整合

在实践导向的课程设计中加强跨学科整合，让学生能够从多个学科领域获取知识，培养更全面的综合能力。

实践导向的课程设计是职业教育中不可或缺的一部分，它强调学以致用，通过实际操作来提高学生的综合能力。在设计实践导向的课程时，必须紧密关联行业需求，注重理论与实践的结合，通过实际项目和实习来培养学生的实际操作能力。随着技术的进步和教育理念的不断演进，实践导向的课程设计有望更加灵活化、个性化，为学生更好地适应职业需求提供更多可能性。通过不断改进和创新，实践导向的课程设计将继续发挥重要作用，为职业教育质量的提升和学生综合素养的培养作出更大贡献。

三、职业教育融合式教学设计

随着社会的不断发展和职业领域的日新月异，职业教育的重要性日益凸显。融合式教学设计作为一种整合多种教学方法和资源的策略，为职业教育提供了更灵活、多样化的教学模式。本书将深入探讨职业教育中融合式教学设计的概念、原则、实施策略，以及对学生和教师的影响。

（一）融合式教学设计的概念

融合式教学设计是将不同教学模式、方法和资源有机地结合在一起，以提供更全面、灵活和个性化的学习体验。在职业教育中，融合式教学设计可以整合理论知识、实际操作、技术工具等多种元素，以更好地满足学生的需求并提高其职业素养。

（二）融合式教学设计的原则

1. 学生中心

将学生的需求和学习风格置于设计的核心。教学设计应该以提高学生学习动机、促进自主学习为目标，满足不同学生的个性化需求。

2. 多元化资源

整合多种教育资源，包括教科书、在线课程、实践项目、模拟实验等，以拓展学生的学科视野和实际应用能力。

3. 技术融合

充分利用现代技术手段，如在线学习平台、虚拟实验室、多媒体教材等，提升教学的互动性和实效性。

4. 跨学科整合

将不同学科的知识融合在一起，促使学生形成更全面的认知，培养跨学科思维和解决问题的能力。

5. 实践导向

强调理论知识与实际操作的结合，通过实践项目、实习机会等方式提供真实的职场体验，培养学生的职业技能。

（三）融合式教学设计的实施策略

1. 项目驱动学习

设计以项目为核心的学习任务，通过解决实际问题，学生能够全面理解和应用所学知识，培养实际解决问题的能力。

2. 在线学习平台

利用现代的在线学习平台，为学生提供随时随地的学习机会，以及多样化的学习资源和互动工具。

3. 实践性任务

在课程中设置实践性任务，如实验、调研、模拟操作等，使学生能够在实际操作中巩固和应用所学知识。

4. 团队合作

强调团队合作，通过小组项目和协作任务，培养学生的团队精神、沟通协作能力及解决问题的能力。

5. 个性化学习路径

结合学生的兴趣和学科特长，设计个性化的学习路径，使每位学生都能够按照自己的节奏和方式学习。

（四）融合式教学设计对学生的影响

1. 全面素养的提升

融合式教学设计使学生能够从不同角度获取知识，培养综合素养，包括专业知识、实践技能、沟通能力等。

2. 自主学习意识的培养

学生在融合式教学环境中更具主动性，能够更好地规划学习路径、自主解决问题，培养自主学习的意识和能力。

3. 职业能力的提高

实践导向和项目驱动的设计使学生能够更好地理解和应用所学知识，提高职业能力，更好地适应未来职业发展。

4. 适应未来职业发展

融合式教学使学生更好地了解职业领域的实际情况，培养学生了解问题、解决问题的能力，使其更好地适应未来职业发展的变化。

（五）融合式教学设计对教师的影响

1. 教学方法的灵活性

教师需要具备灵活运用不同教学方法和资源的能力，更好地满足学生的多样化需求。

2. 技术应用水平的提高

教师需要适应和掌握新的技术工具，善于利用在线平台、多媒体教材等现代技术手段，提升教学效果。

3. 团队协作与指导

强调团队协作与指导。教师在融合式教学环境中更多地成为学生的指导者和合作伙伴，引导学生参与项目、解决问题，并提供及时的反馈。

4. 教学资源整合

教师需要整合多种教学资源，包括在线教材、实践项目、虚拟实验等，以提供更丰富、多样化的学习体验。

5. 个性化教学关怀

通过了解学生的学习需求和风格，教师可以更好地实施个性化的教学，关注每个学生的发展，提供有针对性的支持。

（六）面临的挑战和未来展望

1. 技术设施不足

在一些地区，尤其是发展中国家，技术设施可能不足，导致融合式教学难以顺利实施。

2. 教师培训不足

一些教师可能缺乏融合式教学的培训和实践经验，需要加强培训以提高其在技术应用和教学设计方面的水平。

3. 评估体系不完善

传统的评估体系可能无法完全适应融合式教学的特点，需要建立更灵活、多元的评估方法。

4. 学科整合难度

在一些学科领域，要实现真正的跨学科整合可能有一定的难度，需要更深入的探讨和研究。

未来，随着技术的不断发展和对教育理念的深入理解，融合式教学设计有望迎来更大的发展。先进的技术手段如人工智能、虚拟现实将为融合式教学提供更多可能。教育机构应该不断改进硬件和软件设施，提高教师的专业水平，以适应融合式教学的需求。同时，建立更完善的评估体系，更好地评估学生的学习效果，推动融合式教学模式在职业教育领域的广泛应用。

融合式教学设计在职业教育中具有重要意义，它通过整合多元化的教学资源和方法，为学生提供更全面、灵活和个性化的学习体验。在实践中，教师要注重学生的个性化需求，善于应用先进的技术手段，将理论与实践、学科与学科、学生与教师整合在一起。同时，不断改进评估机制，保障融合式教学设计的有效性。随着社会的发展和技术的进步，融合式教学设计有望成为职业教育的主流，为学生成为适应未来职业需求的专业人才奠定更坚实的基础。

第三章　技术在职业教育中的应用

第一节　在线教育与职业培训

一、远程教学平台概览

随着信息技术的飞速发展，远程教学平台在教育领域取得了显著的进展。特别是在全球范围内爆发的新冠疫情背景下，远程教学平台成为学校、教育机构和企业的必备工具。本书将对远程教学平台进行概览，包括其定义、发展历程、主要特点，以及在不同领域的应用。

（一）远程教学平台的定义

远程教学平台是一种基于互联网和信息技术的教育工具，通过在线方式提供教学资源、课程内容和学习支持，使学生能够远程获取教育服务。这种平台通常包括在线课堂、学习管理系统、视频会议工具、作业提交系统等功能，为学生和教师创造了一种虚拟的学习环境。

（二）远程教学平台的发展历程

1. 早期阶段

早期的远程教学主要以邮寄教材和录制教学视频的形式为主。学生通过邮寄或购买教材，通过邮寄或在电视上观看教学视频。

2. 互联网时代

随着互联网的发展，远程教学逐渐转向在线平台。学校和机构开始利用网络技术提供在线课程，学生可以通过浏览器访问教学资源，参与在线讨论和交流。

3. 移动互联网时代

随着移动设备的普及，远程教学平台进入移动互联网时代。学生可以通过手机、平板等移动设备随时随地学习，教学平台也逐渐加入了移动端。

4. 疫情时期

新冠疫情爆发使得全球范围内的学校和机构被迫采取远程教学。这一时期，许多在线教育平台经历了爆发式增长，对远程教学平台的需求迅速提升。

（三）远程教学平台的主要特点

1. 在线互动性

远程教学平台注重在线互动，通过实时聊天、讨论区、在线投票等功能促进学生和教师之间的互动。

2. 多媒体教学

提供多媒体教学资源，包括视频、音频、图像等，以更生动直观地传递知识。

3. 学习管理系统

集成学习管理系统，方便教师组织和管理课程，包括发布课程信息、设置作业、进行考核等。

4. 灵活的学习时间

学生可以根据自己的时间表选择学习时间，实现更加灵活的学习。

5. 跨地域学习

打破地域限制，学生可以在不同地理位置远程学习，拓展了学生的学习机会。

（四）远程教学平台在不同领域的应用

1. 学校教育

学校教育是远程教学平台最常见的应用领域之一。学校可以通过在线平台组织正式课程、提供在线作业和考试，以及进行教学评估。

2. 企业培训

企业利用远程教学平台进行员工培训，尤其是全球范围内分布的企业。通过在线培训，企业可以为员工提供一致的培训体验。

3. 职业培训

职业培训机构也广泛采用远程教学平台，为学员提供职业技能培训、认证课程等。

4. 语言学习

语言学习平台通过远程教学提供语言课程，学生可以通过在线互动学、语音课程等方式提升语言能力。

5. 在线课程市场

一些在线教育平台成为课程的市场，学生可以选择感兴趣的课程，包括学科知识、技能培训和兴趣爱好等。

6. 专业认证培训

远程教学平台提供了各种专业认证课程，帮助学员获取特定领域的专业认证，提升职业竞争力。

（五）远程教学平台的优势与挑战

1. 优势

（1）灵活性：学生可以根据自己的时间和地点选择是否进行学习，提高学习的灵活性。

（2）资源共享：学校和机构可以共享在线资源，提高教学效率。

（3）跨地域合作：学生和教师可以跨越地域限制进行合作，促进全球合作。

2. 挑战

（1）技术设备差异：学生的技术设备和网络状况可能存在差异，影响学习体验。

（2）互动难度：在线教学可能增加实时互动的难度，导致学生对问题的解答和教师的反馈时间延长。

（3）学科适用性：一些学科，特别是需要实际实践和实验的学科，可能不太适合完全依赖远程教学。

（六）远程教学平台的未来发展趋势

1. 智能化技术

未来远程教学平台将更多地应用人工智能技术，包括智能辅导、个性化学习推荐和自动化评估等，提升学习效果。

2. 虚拟现实和增强现实

远程教学平台将更多地融入虚拟现实和增强现实技术，提供更具沉浸感的学习体验。

3. 社交互动

加强在线教学中的社交互动，通过在线团队项目、合作学习等方式促进学生之间的交流和合作。

4. 数据驱动决策

利用大数据分析，通过收集学生学习数据，为教育机构提供决策支持，更好地理解学生的学习需求。

5. 跨学科整合

远程教学平台将更多地整合不同学科的知识，促使学生形成更全面的认知。

远程教学平台在教育领域的应用已经成为一种不可忽视的趋势。通过不断创新，远程教学平台为学生提供了更加灵活、便捷的学习方式，同时也为教育机构和企业提供了高效的教育培训工具。然而，面对技术设备差异、学科适用性等挑战，未来远程教学平台需要不断改进和创新，引入更先进的技术手段，提升学习体验。远程教学平台的发展将在全球范围内推动教育的普及和提升，为学生提供更广阔的学习机会。

二、线上实验与实践

随着科技的迅速发展，教育领域也在不断进行创新。线上实验与实践是其中的一项重要创新，它通过数字化技术使得学生能够在虚拟环境中进行实验和实践活动，弥补了传统教学模式下实验受到地域和资源限制的缺陷。本书将探讨线上实验与实践的定义、发展历程、优势与挑战，以及其在不同领域的应用。

（一）线上实验与实践的定义

线上实验与实践是指利用网络和数字化技术，使学生能够在虚拟环境中进行实验和实践活动。这种教育创新通过模拟真实场景，提供与传统实验相近的学习体验，旨在提高学生的实际操作能力、解决问题的能力及实践动手能力。

（二）线上实验与实践的发展历程

1. 早期阶段

早期的远程实验主要是通过书面或视频的方式呈现实验过程，学生通过观看和理解完成实验报告。这种形式受限于技术水平，无法进行互动，难以真实还原实验场景。

2. 互联网时代

随着互联网技术的普及，一些基于网络的实验平台逐渐出现。这些平台通过在线操作，使学生能够在虚拟实验室中进行实验，并获得实时的实验数据。

3. 模拟软件的应用

随着模拟软件的发展，一些专业领域开始采用虚拟仿真软件进行实验。这些软件能够模拟复杂的实验环境，提供真实的操作体验。

4. 虚拟实验室的兴起

进入 21 世纪，一些高校和研究机构开始建设虚拟实验室，为学生提供更丰富、高度模拟的实验环境。这些虚拟实验室通过网络提供，学生可以随时随地进行实验操作。

（三）线上实验与实践的优势与挑战

1. 优势

（1）无时空限制：学生可以随时随地进行实验，不再受实验室开放时间和地点的限制。

（2）资源共享：线上实验平台可以集成全球范围内的实验资源，使学生能够获得更丰富的学习体验。

（3）安全性：在某些危险或昂贵的实验领域，学生可以通过虚拟实验平台进行学习，避免了潜在的危险。

2. 挑战

（1）真实感不足：尽管虚拟实验平台能够提供高度模拟的实验环境，但与真实实验相比，仍然存在真实感不足的问题。

（2）互动性限制：虽然一些平台提供了实时交互的功能，但仍然难以与真实实验室中的师生互动相媲美。

（3）设备和技术门槛：一些学生可能因为设备和技术水平的限制而难以顺利进行线上实验。

（四）线上实验与实践在不同领域的应用

1. 自然科学与工程领域

在物理、化学、生物等自然科学领域，线上实验平台可以提供虚拟实验，让学生通过模拟实验装置进行操作，观察实验现象，并分析实验数据。在工程领域，通过虚拟仿真软件，学生可以进行工程设计、电路调试等实践活动。

2. 医学与生命科学

在医学和生命科学领域，线上实验平台可以模拟解剖实验、实验室检测等活动，提供给医学生和生物学专业的学生更多实践机会。同时，一些虚拟实验室还可以模拟生命科学研究中的实验操作。

3. 计算机科学与信息技术

在计算机科学和信息技术领域，线上实验可以涵盖编程实践、网络搭建、数据库操作等方面。通过远程桌面、云计算等技术，学生可以在虚拟实验环境中进行软件开发和系统调试。

4. 地理与环境科学

在地理学和环境科学领域，线上实验平台可以提供地图制作、环境监测等实践活动。学生可以通过虚拟地球仪、环境模拟软件等工具，深入了解地球科学和环境变化。

5. 艺术与设计

艺术与设计领域的线上实验主要涉及创意软件的使用、设计流程的模拟等。学生可以在虚拟实验室中进行绘画、三维建模、设计理念的表达等活动，提高艺术创作的能力。

（五）未来发展趋势

1. 增强现实与虚拟现实

随着增强现实和虚拟现实技术的发展，线上实验与实践将更加注重提升真实感和沉浸感，使学生能够更真实地参与实验过程。

2. 人工智能辅助

人工智能技术的应用将使线上实验平台更具智能化，提供个性化的学习支持、实时反馈，帮助学生更好地理解实验原理和数据分析。

3. 大数据分析

对学生在线实验过程中产生的数据进行大数据分析，可以为教育者提供更多信息，帮助调整和改进线上实验设计，提高学生学习效果。

4. 社交互动加强

加强线上实验平台的社交互动功能，通过在线协作、团队项目等方式，促使学生之间的交流与合作。

5. 开放式资源共享

加强国际合作，建设开放式的线上实验资源库，共享各类实验资源，促进全球范围内的教育资源共享。

线上实验与实践作为教育创新的一种重要形式，弥补了传统实验受到地域和资源限制的不足。虽然面临一些挑战，如真实感不足、互动性限制等，但随着科技的不断发展，这些问题将逐渐得到解决。未来，随着增强现实、虚拟现实、人工智能等技术的广泛应用，线上实验与实践将在提高学生实际操作能力、促进创新思维方面发挥更为重要的作用。通过不断改进线上实验平台的设计和功能，有望为学生提供更丰富、更多样化的实践体验，推动教育向更加开放、灵活和个性化的方向发展。

第二节　智能化辅助教学

一、人工智能在职业教育中的角色

随着人工智能技术的迅速发展，其在各个领域都展现出了巨大的潜力，包括职业教育。人工智能在职业教育中扮演着重要的角色，不仅为学生提供了更智能化、个性化的学习体验，还促进了教育模式的创新与升级。本书将探讨人工智能在职业教育中的角色，包括其应用领域、优势、挑战以及未来发展趋势。

（一）人工智能在职业教育中的应用领域

1. 个性化学习路径设计

人工智能能够通过分析学生的学习数据和行为，为每个学生量身定制个性化的学习路径。这包括推荐合适的课程、教材，以及根据学生的学习进度调整难度和深度。

2. 智能辅导和答疑

人工智能系统可以提供实时的辅导和答疑服务，解决学生在学习过程中遇到的问题。通过自然语言处理和语音识别技术，人工智能能够理解学生的问题，并给予相应的解答和建议。

3. 职业导航和规划

人工智能可以分析学生的兴趣、能力和职业市场需求，为学生提供职业导航和规划的建议。这有助于学生更好地选择适合自己发展的职业方向。

4. 实践性教学支持

在职业教育中，实践是至关重要的一环。人工智能可以提供虚拟实验、模拟操作等支持，帮助学生在虚拟环境中进行实际操作，提高实际应用能力。

5. 自动化评估和反馈

人工智能系统能够自动评估学生的学习成果，提供即时的反馈。这有助于教师更好地了解学生的学习状态，为学生提供个性化的改进建议。

（二）人工智能在职业教育中的优势

1. 个性化学习

人工智能能够根据每个学生的学习特点和需求，为其量身定制个性化的学习计划，提高学习效果。

2. 实时辅导

人工智能系统可以在学生需要帮助时提供实时辅导，解决问题并及时调整学习方向，提高学习效率。

3. 数据驱动决策

通过收集和分析学生的学习数据，人工智能可以为教育管理者提供数据驱动的决策支持，优化教育资源的分配。

4. 提高教学效率

自动化评估和反馈能够减轻教师的工作负担，让教师更专注于教学设计和学生辅导，提高整体教学效率。

5. 拓宽学习渠道

通过在线平台和人工智能技术，职业教育可以突破地域限制，让学生随时随地进行学习，拓宽学习渠道。

（三）人工智能在职业教育中面临的挑战

1. 技术门槛

一些学生可能面临使用人工智能工具的技术门槛，特别是在资源有限的地区。

2. 隐私和安全问题

收集和处理学生的个人数据可能涉及隐私和安全的问题，需要制定严格的数据保护政策和安全措施。

3. 缺乏人性化

尽管人工智能可以提供个性化学习，但在某些情境下，缺乏对学生情感和人性化需求的理解。机器无法完全替代教师的关怀和人际交往。

4. 内容质量和更新

人工智能系统的质量受限于其背后的算法和数据。如果这些算法和数据不足或陈旧，可能导致推荐的学习资源不够优质或不及时更新。

5. 社会接受度

一些人可能对人工智能在教育中的角色表示担忧，担心其会导致教育失去人文关怀，也可能引发一些伦理和社会问题。

（四）未来发展趋势

1. 混合式教育

未来，职业教育很可能发展成为一种混合式教育，结合人工智能技术和传统教育模式，以更好地满足学生的多样化需求。

2. 情感智能

随着对情感智能的研究不断深入，人工智能系统将更好地理解学生的情感状态，并相应地调整教学策略，提供更具人性化的学习支持。

3. 区块链技术应用

区块链技术可以用于建立可信赖的学历认证和技能记录，为职业教育提供更加透明和可验证的学习成果。

4. 增强现实和虚拟现实

增强现实和虚拟现实技术的发展将为职业教育提供更为沉浸式的学习体验，尤其是在模拟实际工作场景方面。

5. 人机协同学习

未来，人工智能不仅是教学工具，还将更加强调与学生的协同学习，促使学生更主动地参与学习过程。

人工智能在职业教育中的作用不断增强，为学生提供了更加智能化、个性化的学习体验。然而，人工智能在职业教育中仍面临着技术、伦理和社会等方面的挑战。未来，随着技术的不断发展和社会对人工智能的认知不断提高，可以预期人工智能将在职业教育中发挥越来越重要的作用。在这个过程中，需不断加强对人工智能应用的监管与规范，确保其能够更好地为职业教育的发展服务，同时关注教育的人文关怀，实现科技与人文的有机结合。

二、智能化教学软件与工具

随着科技的迅猛发展，智能化教学软件与工具在教育领域扮演着越来越重要的角色。这些工具以人工智能、大数据、虚拟现实等先进技术为基础，为教育提供了更丰富、个性化的学习体验。本书将探讨智能化教学软件与工具的发展历程、应用领域、优势、挑战及未来趋势。

（一）发展历程

1. 计算机辅助教学时代

早期的智能化教学软件主要是计算机辅助教学软件，强调基础知识的传授。这些软件通常包括教学课件、互动式习题等，但缺乏个性化和智能化的特点。

2. 个性化学习软件的兴起

随着对个性化学习理念的认识不断深化，个性化学习软件应运而生。这些软件通过收集学生的学习数据，利用算法为每个学生制定独特的学习路径，提高学习效果。

3. 人工智能时代的到来

进入人工智能时代，智能化教学软件得以更深度的发展。机器学习、自然语言处理等技术被广泛应用，使得软件能够更好地理解学生的学习状态，提供更智能的教学建议。

4. 虚拟现实与增强现实的整合

随着虚拟现实和增强现实技术的发展，这些技术逐渐整合到教学软件中，提供更为沉浸式的学习体验。学生可以通过虚拟环境进行实践操作，增强学习效果。

（二）应用领域

1. 学科教育

智能化教学软件在数学、语言和科学等学科教育中得到广泛应用。它们可以根据学生的学习风格和水平提供定制化的教学内容，帮助学生更好地掌握知识。

2. 语言学习

语言学习软件通过语音识别、自然语言处理等技术，提供语法练习、口语训练等个性化学习服务，帮助学生提高语言表达能力。

3. STEM 教育

在科学、技术、工程和数学（STEM）教育中，智能化教学软件可以模拟实验场景，提供虚拟实验和工程设计，培养学生的实践能力。

4. 职业教育

智能化教学软件在职业教育领域支持模拟实际工作场景，提供专业技能培训，帮助学生更好地适应职场需求。

5. 在线课程与远程教育

在线教育平台借助智能化教学软件，为远程学习者提供高质量的在线课程，增加互动性和个性化程度。

（三）优势

1. 个性化学习

智能化教学软件能够根据学生的学习进度、兴趣和能力，提供个性化的学习路径和内容，更好地满足学生的需求。

2. 实时反馈

这些软件能够实时监测学生的学习表现，并提供及时的反馈。这有助于学生更好地理解自己的学习状态，及时调整学习策略。

3. 多样化的学习资源

智能化教学软件整合了各种多媒体资源，包括视频、音频、图像等，丰富了学习内容，提高了学习形式的多样性。

4. 互动性和沉浸感

集成虚拟现实和增强现实技术的软件提供更为互动和沉浸式的学习体验，使学生更深度地参与到学习中。

5. 教学过程可视化

软件可以将学生的学习过程可视化，帮助教师更好地了解学生的需求和问题，提供有针对性的指导。这也使得教师能够更好地个性化辅导，帮助每个学生充分发挥潜力。

（四）挑战

1. 技术依赖性

智能化教学软件的使用依赖于高度复杂的技术基础，包括人工智能、大数据、虚拟现实等。对于一些地区或学校，缺乏相应的技术支持可能成为一大障碍。

2. 数据隐私和安全

收集学生学习数据可能涉及隐私和安全问题。确保这些数据的安全性、隐私保护及合规性成为一个迫切的问题。

3. 人性化和情感支持

虽然人工智能可以提供个性化的学习支持，但对于情感和人性化的理解仍然存在困难。学习不仅仅是知识的传递，还包括情感层面的关怀和理解。

4. 师生互动减少

过度依赖智能化教学软件可能导致师生互动的减少，缺乏教师的人文关怀和启发性指导。

5. 社会接受度

一些人对于教育中过度使用人工智能表达担忧，担心失去传统教育的人文氛围。这需要更好的社会接受度和教育理念的转变。

（五）未来趋势

1. 情感智能的提升

未来的智能化教学软件将更注重对学生情感的理解，提供更人性化的学习支持，使学习更加丰富和有趣。

2. 区块链技术的应用

区块链技术可以用于建立可信赖的学历认证和技能记录，为学生提供更为透明和可验证的学习成果。

3. 增强现实和虚拟现实的融合

虚拟现实和增强现实技术将进一步融入教学过程，提供更为沉浸式的学习体验，特别是在模拟实际操作和实践方面。

4. 个性化学习的深化

随着人工智能的发展，个性化学习将变得更加精准和深化，为每个学生提供更贴近其需求的学习路径和资源。

5. 教育生态系统的构建

未来将构建更完整的教育生态系统，整合各种教育资源，包括在线课程、智能化教学软件、社交媒体等，形成更为全面的学习支持体系。

智能化教学软件与工具在教育中的应用已经成为不可忽视的趋势，为学生提供了更为个性化、多样化的学习体验。然而，随着技术的不断发展，需要认真面对相关的挑战，包括技术依赖性、数据安全、人性化支持等方面的问题。在未来，需要继续推动技术创新，加强对人工智能在教育中的研究，以更好地平衡技术和人文关怀，打造更为完善的智能化教育体系。

（六）展望未来

1. 全球化学习网络

随着互联网的普及，未来智能化教学软件将促使全球化学习网络的建立。学生可以通过在线平台获得来自世界各地的优质教育资源，加速知识的传播和分享。

2. 人机协同学习

未来的发展将更加强调人机协同学习，教师与智能系统的合作将成为提高教学效果的关键。智能系统将为教师提供更多支持，使得教学更高效、个性化。

3. 人工智能辅助创造性思维

人工智能将不仅仅用于传授基础知识，还将成为激发学生创造性思维的工具。通过提供创意挑战、项目驱动等方式，提升学生的创新能力。

4. 跨学科融合

智能化教学软件将更加注重跨学科融合，促使学生在学习过程中更全面地理解和应用知识。这有助于培养学生的综合素养，适应未来复杂多变的社会需求。

5. 区块链技术的广泛应用

区块链技术将被广泛应用于学历认证、技能记录等领域，提高学生学历和技能的可信度，为个体学习者提供更多发展机会。

智能化教学软件与工具的发展代表了教育领域数字化转型的重要方向。通过整合先进技术，它们为学生提供了更加个性化、灵活且丰富的学习方式，也为教师提供了更多工具来精细化教学管理。然而，也要正视其中存在的问题和挑战，特别是关注技术依赖性、数据隐私和人性化支持等方面。未来的发展需要教育者、技术专家和政策制定者的共同努力，以推动智能化教学软件与工具更好地服务于教育事业，促进学生全面发展。

三、教育机器人在职业教育中的应用

随着科技的不断发展，教育机器人作为一种创新的教学工具，逐渐在职业教育领域崭露头角。教育机器人能够通过人工智能、机器学习和机器人技术等先进技术，提供个性化、互动性强的学习体验。本书将探讨教育机器人在职业教育中的应用，以及其在培养职业技能、提高学习效果和促进创新思维方面的潜在作用。

（一）教育机器人的定义与特点

1. 教育机器人的定义

教育机器人是一种通过集成传感器、人工智能和机器人技术，与学生进行互动并提供教学支持的智能设备。

2. 教育机器人的特点如下

（1）互动性：教育机器人能够与学生进行实时互动，提供问题解答、学习反馈等服务。

（2）个性化：基于学生的学习数据，教育机器人可以定制个性化的学习计划，满足不同学生的需求。

（3）多功能性：教育机器人可以涵盖多个学科领域，提供多样化的教学内容和活动。

（二）教育机器人在职业教育中的应用

1. 技能培训与模拟实践

（1）工业制造类：在机械、电子等领域，教育机器人可以模拟真实的生产场景，帮助学生进行实际操作练习，提高技能水平。

（2）医疗保健类：在护理、手术模拟等领域，教育机器人可以提供真实的模拟环境，帮助医学生进行实际操作的训练。

2. 职业技能评估

教育机器人可以通过实时监测学生的学习表现，进行自适应评估，及时发现问题并提供针对性的辅导。

3. 实践项目与团队合作

（1）项目实践：教育机器人可以与学生合作完成实践项目，促进实际问题解决能力的培养。

（2）团队合作：通过模拟团队合作环境，教育机器人帮助学生培养团队协作和沟通能力。

4. 职业导向教育

（1）行业导向：教育机器人可以向学生介绍不同行业的职业发展路径，帮助学生更好地了解职业选择。

（2）实时职业信息：教育机器人通过连接互联网，可以提供最新的职业信息，帮助学生跟踪行业动态。

（三）教育机器人在职业教育中的优势

1. 个性化学习支持

教育机器人通过收集学生的学习数据，可以提供个性化的学习支持，根据学生的学习风格和水平调整教学内容。

2. 实践操作与模拟环境

教育机器人可以提供真实的实践操作和模拟环境，帮助学生在安全的情境下进行实际操作，加深理解。

3. 及时反馈和辅导

通过实时监测学生的学习过程，教育机器人可以及时提供反馈和辅导，帮助学生纠正错误、强化理解。

4. 激发兴趣与动力

利用互动性强的特点，教育机器人可以设计富有趣味性的学习活动，激发学生的学习兴趣和动力。

5. 跨学科整合

教育机器人可以涵盖多个学科领域，促使学生进行跨学科的学习，培养综合素养。

（四）挑战与问题

1. 高成本与技术复杂性

制造和维护教育机器人需要高昂的成本，技术的复杂性也对使用和推广提出了挑战。

2. 教育机器人的普及

尚未普及的问题限制了更多学校和教育机构充分享受教育机器人的益处。

3. 个体差异的考虑

教育机器人的个性化学习支持需要更全面地考虑学生的个体差异，以确保支持的有效性。

4. 伦理和隐私问题

教育机器人涉及大量学生数据的收集和分析，因此伦理和隐私问题需要得到认真对待。

5. 人机平衡

教育机器人的引入需要平衡人机关系，确保机器的作用是辅助和增强教学，而非取代教师的角色，保持人性化的教学环境。

（五）未来展望

1. 智能化学习伙伴

教育机器人有望成为学生的智能学习伙伴，与学生建立更为紧密的互动关系，帮助他们更好地理解学科知识。

2. 定制化培训方案

基于学生的学习数据，教育机器人将能够创建更为定制化的培训方案，帮助每个学生发现和发展个人擅长的领域。

3. 虚拟实境融合

教育机器人与虚拟实境技术的融合将创造更为真实的学习体验，模拟实际工作场景，提供更为深入的实践培训。

4. 全球合作学习

教育机器人有望促进全球合作学习，通过在线互动，学生可以跨越地域界限，与来自不同国家和文化背景的同学一同学习。

5. 发展多元技能

教育机器人将不仅仅关注专业技能培训，还会注重发展学生的创新、沟通、团队协作等多元技能，提升综合素养。

教育机器人作为职业教育的新兴工具，具有巨大的潜力和前景。通过个性化的学习支持、实践操作与模拟环境的提供，教育机器人有望在培养学生职业技能、提高学习效果和促进创新思维等方面发挥积极作用。然而，引入教育机器人也面临一系列挑战，如高成本、技术复杂性、伦理和隐私问题等，需要各方共同努力解决。在未来，教育者、技术专家和政策制定者应共同合作，推动教育机器人的研发和应用，以更好地服务于职业教育的发展。通过克服挑战、善用机遇，教育机器人有望为培养适应未来职业需求的高素质人才作出重要贡献。

第三节　职业教育制度创新与数字化管理

一、学校管理系统的数字化转型

随着科技的不断发展，学校管理系统的数字化转型已成为现代教育体系的必然趋势。数字化转型不仅使学校管理更加高效、精准，也为学生、教职员工提供了更便捷的服务和学习环境。本书将探讨学校管理系统数字化转型的背景、意义、关键技术、实践案例，以及可能面临的挑战与前景。

（一）数字化转型的背景

传统学校管理涉及大量纸质文件、人工操作和手工记录，效率低下且容易出现信息传递失误。数字化转型的背景主要包括以下几点。

1. 信息爆炸

学校管理涉及的信息量巨大，包括学生信息、教学资源、人事信息等，传统手段已难以应对。

2. 提升效率需求

教育机构对管理效率的要求越来越高，数字化转型可以大幅提升信息处理速度和管理效能。

3. 个性化服务需求

学生、教职员工对个性化服务的需求不断增加，数字化系统可以更好地满足个体差异化的需求。

（二）数字化转型的意义

1. 提升管理效率

学校管理系统的数字化转型可以加速信息的传递和处理，减少冗余工作，提高管理效率。

2. 信息集成与共享

各个部门的信息可以集成到一个系统中，实现信息的互通共享，使学校管理更为协同。

3. 数据分析与决策支持

数字化系统可以收集大量的数据，通过数据分析为决策提供科学依据，使管理更加科学化。

4. 学生学习支持

学校管理系统数字化转型可以提供学生课程选择、成绩查询、选课系统等服务，为学生提供更全面的学习支持。

5. 家校互动

数字化系统使得学校与家长之间的沟通更加方便，通过在线平台，家长能够随时随地了解孩子的学习情况。

（三）数字化转型的关键技术

1. 云计算

通过云计算技术，学校可以实现资源共享、弹性扩展等，提高系统的灵活性和可靠性。

2. 大数据分析

大数据分析技术可以对学生、教职员工的信息进行深度分析，为学校管理和决策提供数据支持。

3. 物联网技术

物联网技术可以应用于校园设施管理、学生考勤、设备监测等方面，提高学校运营的智能化水平。

4. 人工智能

人工智能可以应用于学生学习情况分析、教学内容推荐等，为个性化学习提供支持。

5. 区块链技术

区块链技术可以用于学生学历认证、考试成绩防篡改等方面，提高信息安全性。

（四）数字化转型的实践案例

1. 学生信息管理

学校管理系统数字化转型后，学生信息管理由传统的纸质档案转为电子档案，包括学籍、课程表、成绩等信息都能够在线查询。

2. 课程管理

数字化系统能够根据学生选课情况、教师授课能力等因素，自动生成最优的课程安排，提高教学效果。

3. 考试管理

考试成绩、考试安排等信息通过数字化系统进行管理，可以及时准确地通知学生和家长，避免信息滞后。

4. 家校互动平台

学校管理系统数字化转型后，建立了家校互动平台，家长可以通过在线系统查看学生的学习情况、参与家长会议等。

5. 财务管理

数字化系统可以实现学校财务管理的电子化，包括账务管理、费用收支统计等，提高了财务管理的透明度。

（五）可能面临的挑战

1. 安全与隐私问题

数字化系统涉及大量敏感信息，安全性和隐私保护是亟待解决的问题。

2. 人员培训

引入新的数字化系统需要教职员工具备一定的数字技能，可能需要进行培训和适应期。

3. 系统集成

学校管理涉及多个方面，数字化系统需要与原有系统进行集成，确保信息的一致性和完整性。

4. 成本投入

数字化转型需要一定的投入，包括系统采购、人员培训等，对学校的财务状况有一定的压力。

（六）数字化转型的前景

1. 智能化教育

随着人工智能技术的发展，学校管理系统有望实现更高级别的智能化，能够为学生提供更为个性化的学习体验。

2. 跨校互通

随着标准化和互操作性的提高，学校管理系统能够更好地实现跨学校之间的信息共享，推动教育资源的共享。

3. 家校协同

数字化转型有望进一步加强家校协同，使得家长更深入地参与到学生的学习过程中，实现全方位的学生发展。

4. 数据驱动决策

大数据分析技术的应用将使学校管理更加科学，能够通过数据驱动的方式进行更准确、有针对性的决策。

5. 混合式教学

数字化转型将促使教学模式创新，实现线上线下教学的有机结合，提供更为灵活的学习方式。

学校管理系统的数字化转型是适应时代发展的必然趋势，其意义在于提升管理效率、实现信息共享、为学生提供更便捷的学习服务。关键技术的应用和实践案例表明，数字化转型可以在学生信息管理、课程管理、考试管理等方面取得显著成效。然而，数字化转型仍面临一系列挑战，包括安全隐患、人员培训、系统集成等问题。面对未来，数字化转型有望推动智能化教育、家校协同、数据驱动决策等方面的发展，为学校管理带来更多可能性。在推行过程中，学校需要充分考虑各方利益，合理规划推进步伐，确保数字化转型的顺利实施，为教育提供更好的服务。

二、职业教育质量评估与认证

职业教育的质量评估与认证是确保教育质量、提升教育水平的重要手段。随着社会对职业教育需求的不断增加，质量评估与认证不仅关系到学校的声誉，也直接影响到学生的就业前景。本书将探讨职业教育质量评估与认证的背景、意义、实施过程、面临的问题与挑战，以及未来发展趋势。

（一）背景

职业教育质量评估与认证是对职业教育机构的教育质量、管理水平进行客观评价和认定的一种体系化手段。背景主要体现在以下几个方面。

1. 职业教育的多样性

不同类型的职业教育机构和专业涌现，其办学特色和质量水平各异，需要通过评估认证机制来进行区分。

2. 市场竞争的加剧

随着社会对人才需求的不断提高，职业教育机构之间的竞争也愈发激烈，质量评估与认证成为机构间竞争的重要因素。

3. 社会对人才质量的关注

职业教育培养的人才直接关系到社会经济发展和产业结构调整，社会对职业教育质量的关注日益增加。

（二）意义

1. 保障教育质量

质量评估与认证通过系统评价，有助于确保职业教育的教学质量，提升教育水平。

2. 提高学校声誉

取得认证的学校通常拥有更高的社会认可度，能够在学生、家长和用人单位中树立良好的声誉。

3. 促进教育创新

评估认证要求学校不断提升办学水平，鼓励教育机构进行教育创新，推动教育体系的发展。

4. 方便用人单位招聘

对于用人单位来说，认证可以作为筛选人才的依据，提高招聘效率。

（三）实施过程

1. 确定评估标准

制定与职业教育相适应的评估标准，通常包括师资力量、教学设施、课程设置、学生就业率等多个方面。

2. 申请评估

学校主动申请或接受相关机构邀请，启动评估程序。

3. 评估团队组建

由专业评估团队组成，包括教育专家、行业人士、社会代表等，保证评估的客观性和权威性。

4. 资料准备

学校提供相关的办学资料，包括师资情况、教学资源、学生毕业就业情况等。

5. 现场检查

评估团队进行实地走访，了解学校的真实情况，与师生交流，收集更多信息。

6. 撰写评估报告

评估团队根据收集到的信息，撰写评估报告，包括学校的优势、不足和改进建议。

7. 评估结果公布

将评估结果公布于社会，对于通过认证的学校颁发认证证书。

（四）面临的问题与挑战

1. 标准制定难度

制定符合职业教育实际的评估标准相对困难，需要综合考虑各方面的因素。

2. 信息真实性难保证

评估过程中，学校有可能粉饰太平，信息的真实性难以保证。

3. 评估成本高昂

评估需要专业的评估团队，而这些专业人才的聘请和评估的成本相对较高。

4. 一刀切的问题

有些评估可能过于注重学术层面，而忽略了实际应用能力的培养。

5. 评估结果的时效性

由于评估是一个周期性的过程，有时评估结果可能不能及时反映学校的实际变化。

（五）未来发展趋势

1. 多元化评估标准

随着职业教育领域的发展，评估标准将更加多元化，涵盖更多方面的内容，更全面地反映学校的实际情况。

2. 引入第三方机构

为了提高评估的公正性和客观性，未来可能会更多地引入第三方机构进行评估，减少学校自身的主观性。

3. 信息化技术的支持

随着信息技术的不断发展，未来的评估过程可能会更多地依赖于大数据分析、人工智能等技术，提高评估的精准性和效率。

4. 建立长效机制

未来可能会建立更为长效的评估机制，不仅关注短期的学校表现，更注重学校的可持续发展。

5. 注重实践能力

随着社会对实际应用能力的需求增加，评估体系可能更加注重对学生实践能力的培养和考核。

6. 国际化认证

随着国际化水平的提高，职业教育机构可能更加倾向于获得国际性的认证，提升在国际上的竞争力。

职业教育质量评估与认证是推动职业教育不断提升的有效手段，有助于确保教育质量、提高学校声誉、促进教育创新和方便用人单位招聘。然而，在实施过程中也面临着一系列问题和挑战，如标准制定难度、信息真实性难保证、评估成本高昂等。未来的发展趋势可能会更加多元化，注重实践能力培养，依赖信息技术的支持，建立更为长效的评估机制。在这个过程中，各方需要共同努力，推动职业教育的不断完善，以适应社会发展的需要。

三、数据分析在职业教育中的运用

数据分析作为一种强大的工具，在职业教育领域的运用不断得到重视与拓展。通过收集、处理、分析大量的数据，学校、教育机构及决策者能够更好地了解学生的学习情况、优化教学过程、提高教育质量。本书将探讨数据分析在职业教育中的背景、意义、具体运用场景、面临的挑战及未来的发展趋势。

（一）背景

1. 数字化时代的到来

随着信息技术的飞速发展，教育领域也步入数字化时代，大量的学习和教学活动产生了海量的数据。

2. 学生个性化需求的增加

不同学生具有不同的学习方式和需求，数据分析可以帮助个性化定制教学计划，更好地满足学生的需求。

3. 提高教育质量的要求

面对竞争激烈的社会，提高职业教育的质量成为各教育机构和决策者的共同目标。

（二）意义

1. 个性化教学

通过数据分析，可以深入了解学生的学习风格、兴趣和能力，从而实现个性化的教学，更好地满足学生的需求。

2. 教学质量提升

数据分析可以帮助评估教学效果，找出教学中的薄弱环节，优化课程设计，提升整体教学质量。

3. 学生管理与辅导

通过对学生行为数据的分析，学校可以及时发现学生的问题，进行有针对性的辅导与关怀，提高学生的学业成就和心理健康。

4. 资源优化配置

数据分析有助于合理配置学校资源，包括教师、教室、教材等，提高资源利用效率。

（三）具体运用场景

1. 学生学习情况分析

通过分析学生的学习数据，包括课堂表现、作业成绩、考试成绩等，学校可以了解学生的学科偏好、学科弱势，为个性化教学提供数据支持。

2. 教学过程优化

数据分析可以追踪教学过程中的各个环节，发现教学中的问题，提供改进建议，优化课程设计和教学方法。

3. 招生预测与管理

利用历年的招生数据，通过数据模型进行招生预测，有助于学校更好地制订招生计划，合理配置资源。

4. 学生就业预测

通过分析学生在校期间的表现、实习经验等数据，可以预测学生的就业可能性，帮助学生更好地规划职业发展。

5. 资源分配与管理

数据分析可以帮助学校更好地了解教师的授课情况、学生的选课情况，合理配置教学资源，提高资源利用效率。

（四）面临的挑战

1. 数据隐私与安全

大量的学生数据涉及个人隐私，数据分析需要遵循严格的隐私保护法规，确保数据安全。

2. 数据质量

数据质量直接影响分析结果的准确性，不完整或者不准确的数据可能导致分析的失真。

3. 师资培训

数据分析需要专业的技能，而目前许多教育机构的教职员工在数据分析方面的专业素养相对较低，需要进行培训。

4. 文化转变

将数据分析引入教育管理需要学校和教职员工对数据分析的接受程度发生文化上的转变。教育机构需要树立数据驱动决策的理念，教师需要逐渐接受数据分析在教学和管理中的重要性。

5. 技术基础设施

数据分析需要庞大的计算资源和信息技术基础设施的支持，学校需要投入一定的资金和人力资源来建设这些基础设施。

6. 数据集成与互操作性

学校内部可能存在多个系统，数据分析需要这些系统之间实现良好的数据集成和互操作性，确保数据的完整性和一致性。

（五）未来发展趋势

1. 人工智能与机器学习的应用

随着人工智能和机器学习技术的不断发展，未来数据分析将更多地利用这些技术，实现更深层次的洞察和预测。

2. 实时数据分析

未来数据分析将更加强调实时性，通过实时监测学生学习情况、教学效果，及时调整教学策略，使教学更具灵活性和针对性。

3. 学科交叉的数据分析

整合不同学科领域的数据，进行交叉分析，有助于发现学科之间的关联性，促进跨学科的教学和研究。

4. 更加智能的教学辅助系统

数据分析的结果将更多地被应用于智能教学辅助系统，为教师和学生提供个性化的学习支持。

5. 开放数据共享

学校可能更愿意共享数据，促进不同学校之间的经验交流与合作，形成更加开放的教育生态。

6. 深入挖掘非结构化数据

除了传统的结构化数据，如考试成绩和学科成绩，未来数据分析还将更深入地挖掘非结构化数据，如学生的社交媒体活动、参与课外活动等。

数据分析在职业教育中的应用具有重要的意义，能够提高个性化教学水平、优化教学过程、提高教育质量。尽管面临着一些挑战，如数据隐私与安全、数据质量、师资培训等，但未来的发展趋势仍然积极向好。借助人工智能、机器学习等新兴技术的应用，以及对实时性和交叉学科分析的重视，数据分析将更好地服务于职业教育，助力学生更好地成长和发展。在推动数据分析在职业教育中的应用过程中，需要教育机构、决策者和教师共同努力，不断提升数据分析的水平，使其更好地服务于教育事业的发展。

第四章　职业教育跨学科教学的发展

第一节　跨学科教学的定义与重要性

一、跨学科教学的概念

跨学科教学是一种强调整合不同学科知识和技能的教学方法，旨在培养学生全面发展的能力。随着社会的发展和知识的不断拓展，跨学科教学在教育领域中逐渐崭露头角。本书将深入探讨跨学科教学的概念、意义、实施方法、面临的挑战及未来发展趋势。

（一）跨学科教学的概念

跨学科教学是一种以整合不同学科知识、理念和技能为特征的教学方法。它超越了传统学科之间的界限，强调将多个学科的元素有机地结合在一起，以解决综合性的问题或者深化对某一主题的理解。跨学科教学强调学科之间的相互关联性，通过创造性的教学设计，促使学生在实际问题中运用多个学科的知识。

（二）跨学科教学的意义

1. 促进综合性思考

跨学科教学通过将不同学科的知识有机整合，培养学生跨越学科边界进行思考的能力，使其更好地理解和解决实际问题。

2. 提高学科知识的应用能力

学科知识的融合有助于学生将所学知识应用于实际情境，增强他们的实际应用能力。

3. 培养创造性思维

跨学科教学鼓励学生在不同学科领域间建立关联，激发他们的创造性思维，促使其提出新颖的观点和解决方案。

4. 增强团队合作能力

在跨学科项目中，学生通常需要与来自不同学科背景的同学合作。这有助于培养学生的团队合作和沟通能力。

5. 更好地适应复杂社会

现实世界问题往往不是单一学科可以解决的，跨学科教学有助于培养学生更好地适应复杂多变的社会环境。

（三）跨学科教学的实施方法

1. 项目式学习

设计跨学科项目，要求学生结合不同学科的知识，共同完成一个综合性的任务。

2. 主题式教学

以跨学科的主题为基础，整合相关学科的知识，展开深入的学习。

3. 小组研究

小组研究是一个促使学生跨学科合作的有效方法，通过小组间的合作，实现学科知识的整合。

4. 交叉学科活动

通过组织学科交叉的活动，如专题讲座、座谈会等，促使学生深入了解不同学科的关联性。

5. 跨学科课程设计

设计具有跨学科特点的课程，使学生在学习过程中获得来自不同学科的知识。

（四）面临的挑战

1. 学科界限

学科之间的界限和专业性往往难以完全消除，如何找到适当的平衡是跨学科教学面临的挑战之一。

2. 教师培训

跨学科教学需要教师具备跨学科教学设计和实施的能力，因此需要进行专门的培训。

3. 评估难题

传统的评估方式难以准确反映学生在跨学科学习中的综合能力，需要创新性的评估方法。

4. 学科不平衡

有些学科在跨学科教学中可能占据主导地位，而其他学科可能被忽视。如何平衡不同学科在课程中的权重，是一个需要认真考虑的问题。

5. 课程设计难度

跨学科课程的设计相对复杂，需要教师在教学设计中更加注重学科之间的衔接与整合，这对于一些教学资源匮乏的学校可能是一个挑战。

6. 学生适应问题

有些学生可能对跨学科教学感到陌生，需要适应新的学科整合方式，这对学生的学习适应能力提出了一定要求。

（五）未来发展趋势

1. 技术整合

利用现代技术手段，如虚拟现实、在线协作平台等，促进跨学科教学的实施，提高学生学习的灵活性和多样性。

2. 全球化视野

未来跨学科教学可能更加注重全球视野，促使学生更好地理解和应对全球性问题，培养全球胜任力。

3. 与行业结合

整合行业资源，使课程更贴近实际应用，帮助学生更好地融入职业领域。

4. 个性化学习路径

结合学生的兴趣和能力，提供更加个性化的跨学科学习路径，满足不同学生的需求。

5. 跨学科团队合作

强调学生在团队中的协作，使跨学科教学更加注重团队精神与协同创新。

6. 教学模式创新

探索更多灵活的教学模式，如翻转课堂、项目驱动教学等，激发学生的学习兴趣和主动性。

跨学科教学作为一种整合多学科知识的教学方法，对于培养学生的综合能力、提高实际问题解决能力具有重要的意义。尽管在实施中面临一些挑战，如学科界限、教师培训和评估问题等，但随着教育理念的不断更新和技术的不断发展，跨学科教学在未来有望取得更多的突破。在推动跨学科教学的发展过程中，学校、教师和决策者需要共同努力、加强合作，不断探索创新的教学方法，为学生提供更加综合、深入和实用的知识体验。

二、跨学科教学的重要性

跨学科教学作为一种教育创新的方式，对于职业教育的重要性日益凸显。在职业教育中，培养学生的综合素质和实际应用能力是至关重要的，而跨学科教学能够有效地促进学科知识的整合，培养学生的创新精神和跨领域的能力。本书将深入探讨跨学科教学在职业教育中的重要性，分析其本质、意义、实践方法，以及面临的挑战和未来发展趋势。

（一）跨学科教学的本质

跨学科教学强调的是整合不同学科领域的知识和技能，通过创造性的教学设计，将多个学科的元素有机地结合在一起，形成更为全面的学习体验。它关注的不仅是学科知识的传授，更注重培养学生的综合思维和实际解决问题的能力。

（二）跨学科教学的意义

1. 培养综合素质

（1）综合技能的需求：职业领域通常要求从业者具备多方面的技能，包括专业技能、沟通技能和团队协作能力等。跨学科教学通过整合不同领域的知识，培养学生的多方面能力，使其更好地适应职业要求。

（2）跨职业能力的培养：不同职业领域之间存在一定的交叉性，跨学科教学能够帮助学生跨越专业边界，学习并应用其他领域的知识和技能，培养更具全球竞争力的综合素质。

2. 培养实际问题解决能力

（1）职业领域的实际问题：在职业生涯中，从业者通常需要解决实际问题，这些问题往往涉及多个方面的知识。跨学科教学通过将不同学科的知识整合，培养学生解决实际问题的能力。

（2）综合应用能力的提升：通过在实际项目中应用跨学科知识，学生能够更好地理解学科之间的关联性，培养解决实际问题的能力，为将来的职业生涯做好准备。

3. 促进创新思维

（1）跨学科的创新：跨学科教学鼓励学生在不同学科领域建立关联，激发创新思维。在职业教育中，培养学生的创新能力对于应对行业变革和新技术的引入至关重要。

（2）解决复杂问题：职业领域常常面临复杂多变的问题，需要创新性的思维和方法。跨学科教学能够帮助学生培养跨领域的综合性思维，更好地应对复杂的职业挑战。

（三）实践方法

1. 项目式学习

设计跨学科项目，要求学生结合不同学科的知识，共同完成一个综合性的任务。

2. 实践性课程设计

将跨学科的知识融入实际的课程设计中，通过实际操作培养学生的实际能力。

3. 产业合作项目

与相关产业合作，将实际职业场景引入课堂，促使学生在实际应用中跨学科学习。

4. 实习和实训

安排学生进行实习和实训，让其在真实职业环境中应用跨学科知识，提高实际问题解决能力。

5. 案例分析

通过实际案例，引导学生分析和解决跨学科性的问题，培养综合应用能力。

6. 跨学科团队项目

组建跨学科的学生团队，共同参与解决实际问题的项目，促进学生之间的合作与交流。

（四）面临的挑战

1. 学科壁垒

传统教育体系中，学科之间存在一定的壁垒，跨学科教学需要克服这些障碍，确保学科之间的融合。

2. 教师培训

教师需要具备跨学科教学的理念和能力，而目前一些教师可能在跨学科教学方面缺乏足够的培训。

3. 评估体系

传统的评估体系难以全面评价跨学科学习的效果，需要建立更加全面、综合的评估机制。

4. 资源整合

跨学科教学需要整合不同学科的教育资源，包括师资、教材、实验室等，这对学校的资源整合提出了一定的要求。

5. 学生适应

有些学生可能对跨学科教学感到陌生，需要一定时间适应新的学科整合方式。

（五）未来发展趋势

1. 技术支持

利用现代技术手段，如虚拟实境、在线协作平台等，提供更多跨学科学习的支持。

2. 跨国际合作

推动国际间的跨学科教学合作，促进不同国家和地区的教育资源共享，培养更具国际竞争力的人才。

3. 终身学习

将跨学科教学理念融入终身学习的理念中，培养学生在不同阶段不同领域的综合能力。

4. 社会认可

推动社会对跨学科学习的认可，将其纳入教育评价体系，促使学校和教师更积极地推行跨学科教学。

5. 行业参与

强化与行业的合作，使跨学科教学更贴近实际职业需求，提高毕业生的职业竞争力。

跨学科教学对于职业教育的重要性在于其能够培养学生更全面的综合素质、实际问题解决能力和创新思维。通过整合不同学科的知识和技能，跨学科教学使学生更好地适应复杂多变的职业环境。在未来，随着教育理念的不断更新和技术的不断发展，跨学科教学将成为职业教育的重要组成部分，为培养具备全球竞争力的综合性人才提供有力支持。在推动跨学科教学发展的过程中，学校、教师和决策者需要共同努力，不断创新教学方法，提高学科整合水平，以更好地服务学生的综合发展。

第二节　职业教育跨学科课程设计

一、职业教育课程整合与创新

职业教育的目标是培养学生在特定职业领域中所需的技能、知识和素质，使其更好地适应职业发展的需要。课程整合与创新是提高职业教育质量的关键因素之一。本书将深入探讨职业教育课程整合与创新的重要性、方法和面临的挑战，以及未来的发展趋势。

（一）课程整合的重要性

1. 全面素质培养

职业教育的目标不仅是传授职业技能，还包括培养学生的综合素质，如沟通能力、团队协作能力和创新思维。课程整合有助于综合培养学生，使其具备更全面的能力。

2. 职业领域的复杂性

许多职业领域要求从业者具备跨学科的知识和技能。通过整合相关学科的课程，有助于应对职业领域的复杂性，提高学生的综合应用能力。

3. 提高教学效果

课程整合有助于避免知识的割裂和碎片化，使学生更好地理解和应用知识。这有助于提高教学效果，使学生在实际工作中更具竞争力。

（二）课程整合的方法

1. 跨学科整合

将不同学科的知识整合到一个课程中，使学生能够更全面地理解问题和解决问题。

2. 项目式学习

设计以项目为基础的课程，使学生通过实际项目的开展，综合运用所学知识和技能。

3. 行业合作

与相关行业建立合作关系，引入实际案例和经验，使课程更具实践性和职业导向性。

4. 实习和实训

安排学生参与实习和实训活动，让他们在真实职场中应用所学，加深对职业要求的理解。

5. 课程设计的灵活性

设计灵活的课程结构，使学生能够根据自身兴趣和职业目标进行个性化学习。

（三）课程创新的重要性

1. 紧跟行业发展

行业发展迅速，职业要求也在不断变化。课程创新能够使教育体系更加灵活，及时调整课程内容，确保学生获得最新的知识和技能。

2. 培养创新意识

创新是职业成功的关键之一。通过创新性的课程设计，培养学生的创新思维和问题解决能力，使其更好地适应未来职业发展的挑战。

3. 提高学习积极性

创新的教学方法和内容能够激发学生的学习兴趣，提高学习的积极性和主动性。

（四）课程创新的方法

1. 引入新技术

利用现代技术手段，如虚拟实境、在线协作平台等，提高课程的互动性和趣味性。

2. 项目驱动教学

以项目为中心，通过实际项目的设计和实施，激发学生的学习兴趣和实际动手能力。

3. 问题导向学习

设计以问题为导向的学习任务，鼓励学生通过解决实际问题来学习知识。

4. 课程个性化设计

根据学生的兴趣和职业发展方向，设计个性化的课程，使其更加符合学生的需求。

5. 与行业专业人士合作

邀请行业专业人士参与课程设计和授课，确保课程与实际职业要求紧密结合。

（五）面临的挑战

1. 资源不足

课程整合和创新需要更多的教学资源，包括师资、实验室设备等。在资源有限的情况下，可能会面临一定的困难。

2. 传统观念和制度

传统的教育观念和制度可能成为课程整合和创新的障碍。一些教育机构和教师可能对变革持保守态度。

3. 评估体系不完善

传统的评估体系难以全面评价创新型课程的效果。需要建立更灵活、多元化的评估机制。

4. 学生适应问题

一些学生可能对创新型课程感到陌生，需要一定时间适应新的学习方式。

（六）未来发展趋势

1. 技术整合

利用先进技术手段，如人工智能、大数据分析等，进一步整合课程内容，提高教学的科技含量和实用性。

2. 跨学科发展

强调不同学科之间的融合，培养学生的跨学科思维，使其更具综合能力和适应能力。

3. 个性化学习

基于学生个体差异，推动课程个性化设计，满足学生不同的学科偏好和职业目标。

4. 全球化视野

引入国际化元素，促使学生在全球化背景下更好地理解和应对职业挑战。

5. 社会责任教育

强调课程中融入社会责任教育，培养学生的社会责任感和可持续发展观念。

课程整合与创新是提高职业教育质量、培养适应未来职业发展要求的人才的重要途径。通过整合相关学科、创新教学方法和内容，可以更好地满足职业教育的多元化需求，使学生更好地适应职业领域的挑战。在面对挑战的同时，教育机构、教师和决策者需要共同努力，打破传统观念的束缚，推动课程的不断创新与优化。未来，随着技术的发展和社会需求的变化，职业教育课程整合与创新将成为培养具备全球竞争力的人才的重要手段，为学生实现个人职业目标提供更有力的支持。

二、职业教育学科融合的难点与挑战

职业教育的目标是为学生提供与职业领域密切相关的知识和技能，以使其能够顺利进入特定的职业领域并成功发展。学科融合在职业教育中被视为一种有效的方法，旨在整合多个学科的内容，提供更全面、实用的教育体验。然而，学科融合也面临着一系列的难点与挑战，本书将对这些问题进行深入探讨。

（一）学科融合的定义与背景

学科融合是指将来自不同学科领域的知识、理论和方法整合到一个综合性的框架中，以解决复杂的问题或提供全面的教育体验。在职业教育中，学科融合的目的是培养学生更全面的素养，使其能够更好地适应职业环境的多样性和变化。

（二）学科融合的难点

1. 学科边界的模糊性

学科融合意味着超越传统学科的边界，但学科边界的模糊性常常导致难以明确整合哪些内容，如何整合以及整合的深度。

2. 教师专业发展

学科融合需要教师具备多学科的知识和技能，这对教师的专业发展提出了更高的要求。许多教育机构需要投入更多资源来支持教师的跨学科培训。

3. 课程设计与整合

设计一个既包含多个学科要素又能保持系统性和逻辑性的课程是一个挑战。如何平衡各个学科的重要性，确保整合后的课程既有深度又有广度，需要精心设计。

4. 评估体系的建立

传统的评估体系难以适应学科融合的特点。如何建立科学、全面的评估体系，以评估学生在多学科整合中的综合能力，是一个需要解决的问题。

（三）面临的挑战

1. 学科分立的传统观念

教育体系长期以来以学科为中心，传统的学科分立观念仍然深植于人们心中，这使得学科融合在实践中受到了一定的阻力。

2. 资源分配的问题

学科融合需要更多的资源支持，包括教学资源、实验设备、跨学科研究机会等。然而，在一些资源有限的学校或地区，这可能会成为一项巨大的挑战。

3. 学生差异性

学科融合中，学生的学科基础和兴趣有很大的差异。如何在满足学科整合的要求的同时，考虑到学生个体差异，是一个需要解决的问题。

4. 社会认可与用人需求

学科融合的毕业生可能在传统用人市场上面临不被理解和接受的问题。社会对于跨学科人才的需求是否与学科融合的培养方向相匹配，是一个需要认真考虑的问题。

（四）应对挑战的策略

1. 跨学科教师团队建设

建立跨学科的教师团队，促使不同学科的专家共同参与课程设计和教学活动，分享各自的专业知识。

2. 强化教育技术的支持

利用教育技术，如虚拟实境、在线学习平台等，支持学科融合的教学。这可以提供更灵活的教学方式，帮助教师更好地整合不同学科的内容。

3. 建立评估体系

创新评估体系，不仅考核学生对单一学科的掌握，还要考察其跨学科整合能力。这需要建立综合性的评估标准和工具。

4. 社会合作与用人需求对接

建立与行业和社会的密切合作，确保学科融合培养的人才能够满足实际用人需求。这包括与企业的合作、行业实习等。

（五）未来发展趋势

1. 综合能力培养的强调

随着社会对综合能力的需求增加，学科融合将更加强调培养学生的综合能力，使其能够更好地适应未来职业发展的要求。

2. 教育技术的普及

随着教育技术的不断发展，虚拟实境、在线学习等技术将更广泛地应用于学科融合的教学，提供更灵活、多样化的学习方式，促进学科之间的融合。

3. 全球化视野的拓展

随着全球化的推进，学科融合将更加注重培养学生的国际化视野和跨文化沟通能力，以适应跨国企业和国际化职业的需求。

4. 社会认可度提升

随着社会对于综合素养的认可度提升，学科融合的培养模式将更受社会欢迎，学生能够更容易地在职业市场中找到适合的机会。

5. 新型教育模式的崛起

未来可能出现更多基于项目、实践和实习的新型教育模式，这有助于更好地实现学科融合的目标，使学生在实际问题解决中培养多学科思维。

学科融合在职业教育中是一项重要而具有挑战性的工作。面对学科边界的模糊、教师专业发展的需求、课程设计与整合的难题，以及评估体系的建立，教育机构和教育者需要共同努力，不断创新教学方法，打破学科壁垒，提高学生的综合素养。未来，随着社会需求的不断变化和教育技术的发展，学科融合将迎来更多的机遇与挑战，为培养适应未来职业发展的复合型人才提供更多可能性。

第三节 国际合作与交流

一、国际化背景下的职业教育

在全球化和信息化的时代，国际化已成为教育领域的一大趋势。职业教育作为培养实用性技能和适应职业市场需求的重要组成部分，也在国际化的浪潮中发生了深刻的变革。本书将深入探讨国际化背景下职业教育所面临的挑战、机遇及应对策略。

（一）国际化背景下的职业教育挑战

1. 文化差异和语言障碍

国际化带来了多样化的文化和语言环境。学生来自不同的国家和文化背景，文化差异和语言障碍可能成为学习的沮碍。

2. 职业市场的多样性

国际化使得职业市场更加全球化，对学生的职业素养提出了更高要求。他们需要具备更强的跨文化沟通能力和适应不同职业环境的能力。

3. 课程内容的国际化

职业教育课程需要更好地融入国际化元素，使学生能够理解和适应全球职业环境的变化，这对课程设计提出了更高的要求。

4. 跨国教育合作的管理

各国之间的职业教育合作需要有效的管理和协调。管理来自不同文化背景的师生团队，确保教学目标的一致性和质量的提升，是一个复杂的管理挑战。

5. 国际竞争压力

学生将面临来自全球范围内的同行竞争。他们需要具备更强的国际竞争力，能够应对国际化职场的挑战。

（二）国际化背景下的职业教育机遇

1. 全球化的就业机会

国际化背景下，学生将更容易获得来自不同国家和地区的就业机会。他们可以在全球职场中寻找更丰富的职业发展机会。

2. 国际化师资队伍

国际化的背景促使学校吸引更多来自世界各地的优秀教育者，丰富了教育资源，提高了教学水平。

3. 跨文化交流的平台

国际化的职业教育为学生提供了更广泛的跨文化交流平台。通过与来自不同文化背景的同学合作，学生能够拓展视野，提高跨文化沟通能力。

4. 国际学术研究合作

国际化的职业教育促进了不同国家和地区之间的学术研究合作，推动了教育理论和实践的创新。

5. 文化多样的教学体验

学生在国际化的职业教育中将体验到更加丰富和多元的文化氛围，这有助于培养他们的文化包容性和全球意识。

（三）应对国际化背景下的职业教育挑战的策略

1. 跨文化课程设计

设计具有国际视野的课程，融入跨文化沟通、国际市场分析等内容，使学生更好地适应全球化职业环境。

2. 多语言教学支持

提供多语言教学支持，包括语言课程、翻译服务等，帮助学生克服语言障碍，更好地融入学术和职业领域。

3. 国际化的师资培养

为教师提供国际化的培训，使他们更好地适应多文化教学环境，提高跨文化教学能力。

4. 建立国际合作平台

建立与其他国家学校和企业的紧密合作，共享教育资源、经验和最佳实践，促进国际化职业教育的发展。

5. 提升学生综合素质

强调培养学生的跨文化沟通、团队协作和全球意识等综合素质，以应对国际化职场的挑战。

（四）国际化背景下的职业教育发展趋势

1. 在线教育的普及

国际化职业教育将更多地利用在线教育平台，提供跨国远程教学，使学生可以随时随地获取全球范围内的教育资源。

2. 国际认证体系的建立

国际化背景下，建立更多国际认可的教育质量评估体系，使学生的学历更具国际竞争力。

3. 行业与学术的紧密合作

职业教育机构将与行业合作，更好地满足国际职业市场的需求，确保培养出更适应实际工作的人才。

4. 全球性职业导师体系

发展全球性的职业导师体系，为学生提供更广泛的职业发展指导，使其更好地规划未来职业生涯。

5. 国际交流项目的拓展

加强国际交流项目，为学生提供更多的国际实习和交流机会，拓展他们的国际视野和职业经验。

国际化背景下的职业教育既面临挑战，也蕴含着丰富的机遇。通过充分认识并应对文化差异、语言障碍和全球职业市场变化等挑战，职业教育机构可以更好地发挥国际化的优势。同时，积极把握国际化背景下的机遇，推动课程创新、师资培训、国际合作等方面的发展，为学生提供更全面、更国际化的职业教育，培养适应全球职场需求的高素质人才。未来，国际化职业教育将继续成为教育领域的发展趋势，为学生在全球范围内实现职业成功创造更多机会。

二、跨国教育项目的成功经验

跨国教育项目作为促进不同国家之间教育合作与交流的一种形式，近年来得到了广泛的关注与发展。成功的跨国教育项目既有助于提升学生的国际素养，也推动了全球教育资源的共享。本书将探讨跨国教育项目的成功经验，包括项目设计、执行与管理等方面。

（一）项目设计与规划

1. 明确项目目标与理念

成功的跨国教育项目应明确项目目标，并与参与国家的教育理念相契合。确保项目设计符合各方的期望，有助于提升项目的可持续性。

2. 合理的课程设置

在项目设计中，应根据参与学生的背景和需求，设计合理、有针对性的课程。同时，注重融入当地文化、历史和社会背景，使课程更具吸引力和适应力。

3. 建立有效的合作机制

与各方建立紧密的合作机制，包括学校、政府和企业等，确保资源共享、信息流通，推动项目的全面发展。

（二）执行阶段的关键因素

1. 师资力量的培养

成功的跨国教育项目需建立起一支具备国际化视野和丰富教学经验的师资队伍。这要求对教师进行培训，使其更好地适应跨文化教学环境。

2. 灵活的教学方法

在执行阶段，应采用灵活多样的教学方法，如项目式学习、在线教育等，以满足不同学生的学习需求，提高教学的互动性与实效性。

3. 学生支持体系

建立完善的学生支持体系，包括学业辅导、文化适应辅导等，以帮助学生更好地适应新的学习和生活环境。

（三）管理与评估的有效手段

1. 建立科学的管理体系

在项目执行的过程中，建立科学的管理体系，包括项目经理制度、信息管理系统等，以确保项目的有序推进。

2. 定期评估与调整

设立定期的评估机制，收集学生、教师和管理人员的反馈意见，进行综合评估。根据评估结果及时调整项目方案，确保项目的可持续发展。

3. 建立质量保障体系

建立质量保障体系，确保课程质量、学术水平和教学效果。可以通过国际认证、学术评审等手段，提升项目的知名度和可信度。

（四）成功案例分析

1. 国际学士项目

由不同国家的大学合作，共同开设国际学士项目。通过制定统一的教学大纲，将各国学生汇聚到相同的课堂中，实现跨文化教学。这种项目设计上的国际化，提升了学生的国际视野，使他们在学术领域更具竞争力。

2. 双学位合作项目

多个国家的高校联合开展双学位合作项目，使学生可以在两个国家获得认可的学位。项目中的学生在两个国家的校园进行学习，接受不同国家的教育，培养了跨文化交流能力。

3. 科研合作项目

多国高校通过科研项目进行合作，共同攻克科研难题。这种项目不仅推动了科研成果的共享，也为学生提供了与国际学术界接轨的机会。

（五）面临的挑战与应对策略

1. 文化差异与语言障碍

建立跨文化交流平台，加强学生的语言培训，提供文化适应课程。

2. 管理与协调难题

建立高效的信息管理系统，明确项目责任人，定期开展项目管理培训。

3. 学费与资金管理

制定清晰的学费政策，寻找多元化的资金来源，包括政府支持、企业赞助等。

4. 评估体系不完善

定期完善评估体系，引入国际专业评估机构，提高评估的客观性和科学性。

跨国教育项目的成功经验归结于合理的设计、灵活的执行和科学的管理与评估。通过积极应对挑战，不断优化项目模式，跨国教育项目能够更好地为学生提供国际化的教育体验，促进全球教育资源的共享，培养具有全球视野的人才。未来，随着全球教育合作的深化和技术手段的不断进步，跨国教育项目将迎来更多的发展机遇与挑战。

（六）未来发展趋势

1. 数字化技术的应用

随着在线教育和数字化技术的普及，跨国教育项目将更加依赖虚拟平台和在线学习工具。这有助于突破地域限制，提供更多弹性的学习方式。

2. 全球化合作网络的建立

未来跨国教育项目有望在全球范围内建立更加紧密的合作网络，吸引更多高水平的学府、企业和机构参与，共同推动项目的发展。

3. 专业化与细分化

随着需求的细分和个性化要求的增加，跨国教育项目可能更趋向于专业化、细分化。不同领域的项目将更注重培养特定领域的专业人才。

4. 跨学科融合

未来的跨国教育项目可能更加强调跨学科融合，鼓励学生在不同学科领域进行交叉学习，培养综合素质。

5. 社会责任与可持续性

跨国教育项目将更加注重社会责任与可持续性，关注项目对社会的影响，推动全球教育事业的可持续发展。

跨国教育项目的成功经验是多方共同努力的结果，涉及项目设计、执行阶段的关键因素、有效的管理与评估等多个层面。在全球化时代，跨国教育项目将继续扮演促进国际合作与交流的重要角色。通过总结成功的经验并不断创新，跨国教育项目有望为培养更具国际竞争力的人才、促进全球教育资源共享作出更大贡献。同时，项目方应认真应对可能的挑战，确保项目的可持续性和高质量发展。跨国教育项目的未来发展将在全球范围内推动教育的创新与进步。

三、文化差异与合作挑战

在全球化的时代，不同文化之间的交流与合作日益频繁，但随之而来的是文化差异带来的合作挑战。文化差异涉及语言、价值观、沟通方式等多个层面，对于跨文化合作来说，了解并有效管理这些文化差异至关重要。本书将探讨文化差异在合作中的影响及应对合作挑战的策略。

（一）文化差异对合作的影响

1. 语言差异

不同文化拥有不同的语言体系和语法结构，可能导致在沟通中出现误解。语言差异不仅表现在语言本身，还包括口头表达、非语言沟通等多个方面，可能影响合作的顺利进行。

2. 价值观差异

不同文化有不同的价值观念和信仰体系，这可能导致在目标设定、决策制定等方面存在分歧。例如，一些文化更注重集体主义，而另一些可能更强调个体主义。

3. 沟通方式差异

不同文化对于合作中的沟通方式有不同的偏好。有些文化可能更加直接坦率，而有些可能更倾向于间接、含蓄的表达方式。这可能导致信息传递的不畅和理解的障碍。

4. 时间观念差异

不同文化对时间的看法有所不同。一些文化可能更强调准时，而另一些可能更注重弹性的时间观念。这可能在合作中引发时间管理和协调方面的问题。

（二）文化差异带来的合作挑战

1. 沟通障碍

语言和沟通方式的差异可能导致信息传递不准确，造成误解和沟通障碍。在合作中，有效的沟通是保持团队协作的关键。

2. 决策分歧

由于价值观念的差异，合作中可能在目标设定、项目方向等方面出现分歧。这可能导致决策的困难，项目进展受到阻碍。

3. 文化冲突

文化差异可能引发文化冲突，包括对工作方式、领导风格等的分歧。这可能影响团队的凝聚力和合作氛围。

4. 团队动力不足

不同文化之间的合作可能使得团队成员感到困惑、疲惫，降低团队的动力和积极性。长期下去，这可能对整个项目的成功产生负面影响。

（三）应对文化差异的策略

1. 文化敏感培训

为参与合作的团队成员提供文化敏感培训，帮助他们了解不同文化的特点、价值观念和沟通方式。这有助于减少误解和提高团队的文化意识。

2. 建立共同价值观

在项目初期，通过团队讨论，共同制定项目的核心价值观。这有助于在团队中建立共同的文化框架，减少潜在的文化冲突。

3. 设立明确的沟通渠道

确保在合作中建立明确的沟通渠道，包括定期会议、沟通平台等。提倡开放、透明的沟通，减少信息传递的误差。

4. 灵活的工作时间管理

针对不同文化对时间的不同看法，建立灵活的工作时间管理机制。允许一定程度的时间弹性，使得团队成员更好地适应工作的时间要求。

5. 设立文化中介人

在团队中设立文化中介人，他们了解不同文化之间的差异，可以帮助解决文化冲突、促进团队更好地合作。

（四）成功案例分析

1. 国际企业团队合作

一家国际性的企业建立了跨文化的团队，为了解决文化差异带来的合作问题，他们进行了文化敏感培训，并设立了定期的团队会议，鼓励成员分享彼此文化的特点。通过这些努力，团队成功地实现了高效合作，提高了项目执行的成功率。

2. 全球化学术研究项目

一个涉及多个国家的学术研究项目，为了应对文化差异，团队成员定期进行在线会议，通过视频、邮件等多种方式进行交流。同时，项目组建立了专门的文化咨询小组，帮助解决文化上的问题。这有助于确保团队在合作中更好地理解和尊重彼此的文化。

文化差异是全球合作中一个复杂而普遍存在的问题，但通过有效的管理和适当的策略，可以成功地克服文化差异带来的合作挑战。文化差异并不是不可逾越的鸿沟，而是一个可以通过增进理解、建立共同价值观和采取灵活的管理方式来弥合的问题。

（五）未来的挑战与发展趋势

1. 虚拟合作的挑战

随着远程工作和虚拟团队的兴起，文化差异可能在虚拟合作中表现得更为突出。因此，未来需要更强调虚拟合作技能的培养，以适应全球化趋势。

2. 文化多元性的管理

全球化使得团队中的文化多元性成为常态。未来的挑战之一是如何更有效地管理多元文化团队，使其发挥最大的协同效应。

3. 教育和意识提升

在教育体系中，应加强对文化差异的认知和理解培训。通过提高人们对不同文化之间相似性和差异性的认识，可以更好地应对文化差异。

4. 技术支持的发展

利用技术手段，如实时翻译工具、虚拟协作平台等，可以帮助团队成员更好地跨越语言和沟通的障碍。

5. 文化融合与创新

在全球范围内，文化的融合和创新将成为未来的一个关键趋势。团队需要学会从不同文化中汲取灵感，促进创新和共同进步。

文化差异是全球化背景下不可避免的挑战，但也是促进跨文化合作的前提。通过积极的管理策略、文化敏感培训和建设性的沟通方式，团队可以在文化多元性中蓬勃发展。合作伙伴之间的互相尊重、理解和包容是成功应对文化差异的关键。在未来，随着全球化进程的不断推进，能够更好地处理文化差异将成为个人和组织成功的重要能力。通过更多的实践和经验总结，我们有望找到更多创新的方式来应对文化差异，促进全球范围内的合作与共赢。

第五章 社会参与与产业合作

第一节 企业参与职业教育的意义

一、企业对职业教育的需求

随着经济的不断发展和产业结构的升级，企业对于高素质、专业化人才的需求日益增加。职业教育作为培养实用型、技能型人才的一种重要方式，备受企业关注。本书将探讨企业对职业教育的需求，包括需求背景、具体需求方向，以及企业参与职业教育的方式与策略。

（一）需求背景

1. 技能鸿沟的存在

许多行业和领域面临技能鸿沟，即招聘市场上的需求与现有人才的技能之间存在差距。企业需要更加专业化、实用性强的人才，以满足业务发展的需求。

2. 科技与产业升级

随着科技的发展和产业结构的升级，企业对新技术、新工艺和新理念的人才需求增加。职业教育需要紧跟科技和产业发展的步伐，为企业提供更新、更高水平的人才。

3. 全球化竞争

随着全球化的加深，企业需要具备国际竞争力的人才。跨文化、跨国际经验成为企业招聘中的一项重要需求，职业教育需要培养学生的全球视野和国际化能力。

4. 复杂多变的市场需求

市场需求的多样性和不断变化，使企业需要更加灵活、适应性强的人才。职业教育应通过实践性强的课程和项目，培养学生适应不同市场环境的能力。

（二）具体需求方向

1. 技术与工程领域

随着科技的不断进步，企业对于技术和工程领域的专业人才需求旺盛。职业教育应重点培养在信息技术、人工智能、工程管理等方面具备实际操作能力的人才。

2. 创新与创业

创新能力成为企业竞争的核心要素之一。企业需要具备创新意识和实践经验的人才。职业教育可以通过创业课程、实践项目等方式培养学生的创新精神。

3. 数字化和数据分析

随着大数据和数字化时代的到来，企业对数据分析师、数字化营销专家等人才的需求急剧增加。职业教育应注重培养学生的数据分析技能和数字思维能力。

4. 可持续发展与环保

企业对可持续发展和环保的关注度不断提高，相关领域的专业人才需求增加。职业教育应注重培养学生的环保意识和可持续发展的知识。

5. 跨文化沟通与团队协作

全球化发展使得企业的团队更加多元化，跨文化沟通和团队协作成为企业员工重要的组织能力。职业教育应注重培养学生的跨文化交流和团队协作技能。

（三）企业参与职业教育的方式与策略

1. 行业专家授课

企业可以通过邀请行业专家参与职业教育的课程设计和授课，确保培养的人才更符合实际用工需求。

2. 实习与实训项目

与企业合作，为学生提供实习和实训机会。通过实践项目，学生能够更好地适应企业实际工作环境，提高实际操作能力。

3．校企合作项目

建立校企合作项目，使企业可以参与课程设计、教材编写等工作，确保培养的人才更符合企业的用工需求。

4．提供奖学金和资助

企业可以通过设立奖学金、提供学费资助等方式，鼓励更多的学生选择与其相关的专业，以满足企业未来的用人需求。

5．员工培训项目

企业可以与教育机构合作，开展内部员工培训项目，提高员工的专业水平和综合素质。

（四）面临的挑战与应对策略

1．快速变化的技术需求

技术的迅猛发展带来了不断变化的技术需求，职业教育需要更灵活、快速地调整课程，确保培养出符合最新技术要求的人才。

2．专业性与实用性的平衡

企业需要既具备专业知识，又具备实际操作能力的人才。职业教育在课程设计上需要平衡专业性和实用性，确保学生既能够理解理论知识，又能够应用于实际工作中。

3．全球化的人才需求

随着企业越来越多地参与全球竞争，他们对具备国际视野和跨文化能力的人才需求增加。职业教育需要调整课程，加强培养学生的国际素养，提升他们的全球胜任力。

4．职业生涯规划的支持

企业希望从职业教育中获得更加全面的人才，包括具备职业规划和发展意识的学生。职业教育可以通过提供职业规划的辅导和支持，帮助学生更好地规划自己的职业生涯。

5．数字化技术的整合

随着数字化技术的不断发展，企业需要的人才不仅要懂得数字技术，还需要能够在数字化环境中运用这些技术。职业教育需要整合数字技术，使学生在学习过程中能够熟练使用相关工具和平台。

6. 灵活就业形态的适应

随着新型就业形态的出现，例如远程办公、自由职业等，企业需要的人才也在发生变化。职业教育需要更加灵活，培养学生适应不同就业形态的能力，提高他们的职业适应能力。

（五）未来展望与发展方向

1. 深化产学研合作

未来，企业与职业教育的合作将更加深入。通过深化产学研合作，企业可以更好地参与课程设计、教学资源开发等工作，确保培养出更加符合实际用工需求的人才。

2. 强化实践教育

随着企业对实际操作能力的强调，职业教育将更加注重实践教育。加强实习、实训和项目实践，使学生能够更好地适应职业环境。

3. 推动在线教育发展

在线教育将成为未来职业教育的一个重要方向。企业可以通过支持在线课程、提供数字化教学资源等方式，与职业教育机构共同推动在线教育的发展。

4. 强化跨学科培养

未来，企业需要更具综合素质的人才，而不仅是单一领域的专业人才。职业教育将更加强调跨学科培养，培养学生具备多领域的知识和技能。

5. 注重终身学习

随着职业发展的不断变化，终身学习将成为未来的常态。企业将更加关注员工的继续教育和职业发展，职业教育需要为终身学习提供更多支持。

企业对职业教育的需求是一个动态变化的过程，受到经济、科技和社会发展等多方面因素的影响。为了满足企业的用人需求，职业教育需要不断调整和优化课程设置、教学方法，紧密结合企业实际，培养更符合市场需求的高素质人才。通过产学研合作、强化实践教育、推动在线教育等措施，职业教育可以更好地适应未来职业教育的发展趋势，促使学生更好地融入职场和社会。

（六）企业对职业教育的建议与期望

1. 专业素养的提升

企业期望职业教育能够注重学生专业素养的培养，确保他们在进入职场时能够胜任相关工作。这包括深厚的专业知识、实际操作能力和解决问题的能力。

2. 实践经验的积累

企业更加看重学生在校期间获得的实践经验。职业教育应当鼓励学生参与实习、项目实践等活动，以锻炼他们的实际操作和解决实际问题的能力。

3. 国际化视野的培养

随着企业的国际化发展，他们需要具备跨文化沟通和国际业务经验的人才。职业教育应当注重培养学生的国际化视野，提供国际交流、实习和学术合作的机会。

4. 数字化技能的强化

随着数字化时代的来临，企业对数字化技能的需求愈发迫切。职业教育应当加强对数字化技能的培养，使学生能够熟练运用相关数字技术和工具。

5. 创新能力的培养

创新是企业持续发展的关键。企业期望职业教育培养出具有创新意识和实际创新能力的人才，能够在竞争激烈的市场中脱颖而出。

6. 灵活适应职场变化

企业希望职业教育能够培养出具有灵活适应能力的人才，能够适应职场的快速变化和不断涌现的新兴行业。

7. 终身学习的观念

企业鼓励学生培养终身学习的观念，不仅在校期间，而且在进入职场后，能够持续不断地提升自己的知识和技能，适应职业发展的各个阶段。

8. 社会责任感的培养

企业希望职业教育能够注重培养学生的社会责任感，使他们在职业发展中不仅追求个人成功，还能够为社会作出积极贡献。

企业对职业教育的需求是多方面因素综合作用的结果，涉及经济、科技、文化等多个层面。职业教育机构需要充分理解企业的需求，与企业建立紧密的合作关系，不断调整教育内容和形式，以更好地满足企业的用人需求。通过共同努力，职业教育可以为培养更多高素质、实用型人才作出更大的贡献，推动社会的可持续发展。

二、企业与学校的合作模式

企业与学校的合作是一种双赢的伙伴关系，旨在提升教育质量、培养更符合市场需求的人才，并促进产业与教育的深度融合。本书将探讨不同层面、不同形式的企业与学校合作模式，包括实习项目、研发合作和技术转移等，以及这些模式的优势和挑战。

（一）实习项目合作模式

1. 企业提供实践场地

学生通过实习项目有机会在真实的职场环境中学习和实践，企业为学生提供实践场地和机会，促使学生更好地理解实际工作需求。

2. 双向学习机会

企业不仅为学生提供学习机会，也能通过与学生的互动了解新颖观点和创新思维。这种双向学习促进了产业界与学术界的知识交流。

3. 人才储备与招聘

通过实习项目，企业可以提前了解潜在的优秀人才，为未来的招聘工作做好人才储备。

（二）研发合作模式

1. 联合研究中心

企业与学校合作建立联合研究中心，共同投入资源进行前沿科研，推动技术创新和产业升级。

2. 科研项目合作

学校的科研团队与企业合作，共同承担科研项目，实现科技成果的共享，加速研究成果的产业化。

3. 技术转移

学校的研究成果有助于解决企业实际问题，通过技术转移，学术研究成果得以应用到实际生产中。

（三）产学联盟与产业园区模式

1. 产学联盟

多家企业与学校形成产学研合作的联盟，共同解决行业共性问题，推动技术创新和人才培养。

2. 产业园区

学校与企业共同投资建设产业园区，促进产业集群的形成，提高科研成果转化的效率。

（四）技术培训与员工发展合作模式

1. 企业定制培训

学校根据企业的实际需求定制培训计划，提供相关的专业知识和技能培训，帮助企业提升员工的综合素质。

2. 员工进修与再教育

企业支持员工参与学校提供的进修课程，通过再教育提升员工的职业技能和继续教育水平。

（五）创新创业合作模式

1. 创业孵化器

学校与企业共同建立创业孵化器，为创业者提供办公空间、资金支持和导师指导，促进创新创业活动。

2. 企业导师支持

企业派遣优秀员工作为学生的导师，指导学生参与创新项目和创业实践，促进企业与学生的深度合作。

（六）优势与挑战

1. 优势

（1）资源共享：企业与学校合作可实现资源共享，充分发挥各自的优势，推动技术创新和知识传播。

（2）实际问题解决：学校能够通过与企业合作更好地理解实际问题，调整教学内容，提高学生的实际操作能力。

（3）产业升级：研发合作和技术转移有助于促进产业升级，提高企业的竞争力。

（4）人才培养：实习项目和技术培训模式有助于更好地培养适应市场需求的优秀人才。

2．挑战

（1）利益分配：在研发合作和技术转移中，如何公平地分配成果所带来的经济利益可能是一个复杂的问题。需要制定清晰的合作协议，明确各方的权益和责任。

（2）时间和资源压力：企业通常面临时间和资源的压力，可能难以投入大量时间和资源参与学术研究。学校需要理解企业的实际情况，并寻找灵活的合作方式。

（3）文化差异：学校和企业有着不同的文化和运作方式，可能导致沟通和理解上的障碍。建立良好的沟通机制和文化融合计划是解决这一问题的关键。

（4）教学与实际需求匹配：学校的教学计划不是总能够及时地适应行业的快速变化。需要建立灵活的课程设置机制，使学生学到更符合实际需求的知识和技能。

（5）持续合作难度：由于各种原因，一些企业与学校的合作可能是短期的，难以保持长期的稳定性。建立可持续的合作模式需要共同努力，包括建立长期的合作协议和机制。

（七）成功案例

1．IBM 与麻省理工学院合作

IBM 与麻省理工学院（MIT）合作建立了 IBM-MIT 人工智能实验室，共同进行前沿的人工智能研究。这种产学研合作模式旨在推动人工智能技术的创新，并为学生提供实践机会。

2．阿里巴巴集团与清华大学

阿里巴巴集团与清华大学合作设立了清华大学－阿里巴巴深圳研究院，致力于推动大数据、人工智能等领域的研究和应用。这种研发合作模式加速了科研成果的产业化。

3．德国双元制培训模式

德国双元制培训模式是企业与学校密切合作的成功案例。学生在学校学习理论知识的同时，通过在企业的实习获得实际工作经验，提高了就业竞争力。

企业与学校的合作模式多种多样，可以根据具体情况选择最适合的方式。在合作中，建立明确的合作框架、制订合理的合作计划，以及解决合作中可能出现的问题都是至关重要的。通过双方的努力，企业与学校的合作将为培养更优秀的人才、推动产业升级和促进社会进步作出积极贡献。

三、职业教育与产业升级的互动关系

职业教育和产业升级之间存在密切的互动关系，两者相辅相成、相互促进。职业教育作为培养各行各业专业人才的重要途径，直接影响着劳动力素质和创新能力。而产业升级则需要高素质的劳动力支持，同时也对职业教育提出更高的要求。本书将深入探讨职业教育和产业升级之间的互动关系，以及如何通过优化职业教育促进产业升级。

（一）职业教育对产业升级的促进作用

1. 人才培养

职业教育是培养各类专业技能人才的主要途径，通过为学生提供实用的专业知识和技能，为各行各业输送符合产业需求的劳动力。

2. 创新能力提升

良好的职业教育体系培养的学生通常具备创新思维和实践能力，能够在工作中更好地适应产业创新的需求，推动企业不断进行技术更新和产品创新。

3. 适应性强

职业教育注重实践能力的培养，使学生更容易适应工作环境的变化。这对于产业升级中需要不断适应新技术、新模式的企业而言至关重要。

4. 行业标准的制定

一些职业教育机构与相关产业紧密合作，共同制定行业标准，确保教育培训的内容与实际产业需求相匹配。

（二）产业升级对职业教育的要求

1. 多元化技能需求

随着产业结构的调整和技术的发展，企业对员工的技能要求也不断发生变化。职业教育需要不断调整课程，使学生具备更多元化的技能，以满足不同产业的需求。

2. 高层次人才培养

产业升级通常伴随着对高层次人才的需求增加。职业教育需要更加注重培养具备高水平专业知识和管理能力的人才，以支持产业升级的高端需求。

3. 创新思维与团队协作

产业升级往往需要更多的创新思维和团队协作。职业教育应当培养学生使其具备跨学科的综合能力，注重团队协作和创新能力的培养。

4. 数字化与信息技术

随着产业的数字化转型，对数字化和信息技术方面的专业人才需求急剧增加。职业教育需要加强对相关领域的培养，使学生能够胜任数字化时代的工作。

（三）优化职业教育促进产业升级的策略

1. 产教深度合作

加强产业和职业教育机构的深度合作，建立联合实验室、研究中心等机构，共同研究解决实际产业问题。

2. 校企联动

建立校企合作机制，使企业参与职业教育的课程设计、实习安排等方面，确保学生获得更好的实际能力培养。

3. 灵活的课程设置

职业教育需要根据产业发展的变化及时调整课程设置，确保培养出符合产业需求的人才。

4. 实践能力强化

强调实践能力的培养，引入实际案例和项目，使学生在学习过程中能够更好地应用所学知识解决实际问题。

5. 持续学习与职业发展

强调终身学习的理念，使学生具备在职场中持续学习的能力，适应产业升级带来的新需求。

（四）成功案例分析

1. 德国的双元制培训

德国以其成功的双元制培训模式而闻名。该模式将学校培训和企业实践有机结合，使学生在学习的同时获得实际工作经验，为产业提供了高素质的技术工人和管理人才。

2. 新加坡的工程技术学院

新加坡的工程技术学院与企业密切合作，开设与实际产业需求紧密相关的课程。学生在课程中参与实际项目，为企业提供解决方案，从而更好地适应产业升级。

（五）面临的挑战与对策

1. 产业升级速度快，职业教育更新不及时

产业的发展速度可能超过了职业教育体系的更新速度，导致毕业生的知识与产业需求脱节。对策是建立灵活的职业教育更新机制，与产业界保持紧密联系，及时调整课程内容。

2. 企业对实际能力的需求

企业更加注重员工的实际工作能力，而传统的职业教育体系可能过于理论化。职业教育需要更加注重实践能力的培养，包括实习、实训等环节。

3. 产业结构多样化

不同的产业领域有不同的特点和需求，一套通用的职业教育体系难以满足所有行业的要求。对策是建立多样化的职业教育体系，根据不同产业的特点制定相应的培养方案。

4. 技术发展迅猛

技术的迅猛发展使得对技术人才的需求也在不断变化，职业教育需要更加灵活，更注重培养学生的学习能力和自主创新精神。

（六）未来发展方向

1. 智能化教学模式

利用人工智能和大数据技术，个性化定制学习计划，提供智能化的在线教育服务，使学生更好地适应未来职业需求。

2. 产业与职业教育深度融合

进一步加强产业界与职业教育机构的深度融合，建立更为紧密的合作机制，实现教育内容与实际需求的高度契合。

3. 跨学科综合能力培养

强调跨学科的综合能力培养，不仅注重专业知识的传授，更关注学生的团队协作、沟通能力及创新思维。

4. 全球化视野

加强与国际先进职业教育机构的合作，引进先进的教育理念和技术手段，培养具备全球视野的高素质人才。

职业教育与产业升级之间的互动关系是促使社会不断进步的重要动力之一。通过不断调整职业教育体系，提升学生的综合素质，可以更好地适应产业升级的需求。同时，产业的发展也对职业教育提出了更高的要求，需要更灵活、更创新的教育方式。未来，随着科技的发展和产业结构的不断调整，职业教育将继续发挥关键作用，助力人才培养和产业升级的良性循环。

第二节　社会资源整合与支持

一、社会组织在职业教育中的角色

随着社会的不断发展，职业教育的重要性愈发凸显，而社会组织在职业教育中扮演着不可忽视的角色。社会组织包括非营利机构、行业协会、企业社团等，它们通过各种方式参与职业教育，促使人才培养与社会需求更加契合。本书将深入探讨社会组织在职业教育中的角色，并分析其对教育体系、学生发展及产业升级的积极影响。

（一）社会组织的介绍与分类

1. 非营利机构

包括慈善机构、社会服务机构等，它们以服务为宗旨，通过提供教育援助、职业培训等方式参与职业教育。

2. 行业协会与企业社团

由企业自发组织的行业协会和社团，致力于推动本行业的发展，通过制定行业标准、提供专业培训等方式参与职业教育。

3. 社会团体

包括各类专业团体、社团组织，它们可能关注特定领域的发展，通过组织研讨会、论坛等方式参与职业教育。

（二）社会组织在职业教育中的角色

1. 促进教育与产业需求的对接

（1）制定行业标准：行业协会和企业社团可以制定相关行业的标准，推动职业教育的专业化，确保学生所学内容与实际产业需求相符。

（2）提供实践机会：社会组织可以与教育机构合作，提供实习、实训机会，让学生在真实的工作环境中积累经验，更好地适应职业发展。

2. 丰富教育资源

（1）提供专业培训：行业协会和非营利机构可以提供专业的培训课程，帮助学生获得更深层次的专业知识和技能。

（2）赞助奖学金：社会组织可以设立奖学金，资助有优秀表现的学生，鼓励更多人参与职业教育。

3. 建立合作机制

（1）与学校建立合作关系：社会组织可以与学校签署合作协议，共同推动职业教育项目的开展，实现资源共享。

（2）参与课程设计：行业协会可以参与职业课程的设计，确保培养出的学生更符合行业实际需求。

4. 推动创新与研发

（1）组织研讨会与论坛：社会组织可以组织各类学术研讨会、行业论坛，推动创新思维的交流，促使职业教育走在前沿。

（2）支持科研项目：非营利机构可以通过赞助科研项目等方式，推动职业教育领域的创新与发展。

（三）社会组织对学生发展的积极影响

1. 实践经验的积累

（1）提供实习机会：社会组织为学生提供实习机会，使其能够在真实的工作环境中学到更多实际经验。

（2）导师制度：一些社会组织建立导师制度，为学生提供专业指导，帮助他们更好地规划职业发展。

2. 职业素养的培养

（1）举办职业规划活动：非营利机构可以组织职业规划讲座、招聘会等活动，帮助学生更好地了解职业市场。

（2）模拟面试：社会组织可以组织模拟面试，提升学生的面试技能，增强他们与职业市场对接的能力。

3. 终身学习观念的培养

（1）提供继续教育机会：行业协会和非营利机构可以为从业人员提供继续教育的机会，培养终身学习的观念。

（2）发布行业动态：社会组织可以定期发布行业动态、发展趋势等信息，引导学生保持对行业发展的关注。

（四）社会组织对产业升级的推动作用

1. 倡导行业创新与发展

（1）定制培训计划：行业协会可以与教育机构合作，定制符合特定行业需求的培训计划，为产业输送更符合要求的人才。

（2）推动技能标准升级：社会组织参与制定和更新行业技能标准，推动人才培养与行业要求的更好契合。

（3）支持科研项目：行业协会可以通过支持科研项目，推动相关领域的创新，促进产业不断升级。

（4）组织创新竞赛：非营利机构可以组织创新竞赛，鼓励企业和个人在技术、产品等方面进行创新实践。

2. 搭建产业交流平台

（1）举办行业峰会：行业协会可以组织行业峰会，为企业提供交流平台，促进不同企业间的合作与创新。

（2）行业研究报告：社会组织可以发布行业研究报告，为企业洞察市场提供参考，推动企业在产业链中的位置升级。

（五）社会组织在职业教育中可能面临的挑战

1. 资源不足

部分社会组织可能面临资金、人力等资源的不足，影响其在职业教育中的投入与推动力。

2. 信息不对称

有些社会组织可能缺乏对产业发展的全面了解，导致其提供的培训和支持与实际需求不完全匹配。

3. 制度约束

一些社会组织可能受到政策、法规等方面的制度约束，影响其在职业教育中的灵活性与创新性。

（六）未来社会组织在职业教育中的发展方向

1. 建立多层次合作机制

加强与教育机构、企业等多方合作，形成多层次、全方位的职业教育合作机制。

2. 整合资源，提升服务水平

社会组织可以整合各类资源，提升培训服务水平，为学生提供更为全面的职业教育支持。

3. 加强国际交流与合作

通过国际交流，引进国外先进的职业教育理念与经验，提升本地职业教育的国际竞争力。

社会组织在职业教育中扮演着重要的角色，其通过推动教育与产业需求的对接、丰富教育资源、建立合作机制和推动创新与研发等方式，积极参与并促进了职业教育的发展。尽管面临一些挑战，但通过加强合作、整合资源，社会组织有望在未来更好地发挥其在职业教育中的作用，助力培养更符合产业需求的高素质人才，推动产业升级与创新。

二、慈善与公益资助在职业教育中的作用

慈善与公益资助在职业教育中扮演着重要的角色，对于解决学生经济

困难、促进教育公平、提升教育质量等方面起到了积极的推动作用。本书将深入探讨慈善与公益资助在职业教育中的作用，以及其对学生、教育机构和整个社会的影响。

（一）慈善与公益资助的概念与分类

1. 慈善资助

主要通过捐赠、基金设立等方式，为贫困学生提供经济援助，帮助其完成职业教育阶段的学业。

2. 公益资助

包括政府出资设立的公益基金、企业捐赠等形式，旨在促进职业教育的公平与可持续发展。

（二）慈善与公益资助在职业教育中的作用

1. 解决学费问题，促进教育公平

（1）资助经济困难学生：慈善与公益资助主要用于资助那些因经济原因无法负担职业教育费用的学生，从而减轻其经济负担，实现教育公平。

（2）拓宽学生入学途径：资助计划可能为一些贫困地区的学生提供了进入职业教育的途径，有助于打破地域差异，促进教育资源的均衡分配。

2. 提升教育质量，推动人才培养

（1）设施和设备更新：资助可以用于改善职业教育机构的基础设施和教学设备，提高教育质量，创造更好的学习环境。

（2）引入优秀教师：资助计划还可以用于招聘和培训高水平的教育人才，提高教育教学水平，确保学生获得良好的职业教育。

3. 激发学生学习动力，降低辍学率

（1）奖学金设立：通过设立奖学金和成绩奖励机制，激发学生学习动力，降低因经济原因导致的辍学率。

（2）提供就业机会：部分慈善机构与企业合作，为职业教育学生提供实习和就业机会，增加学生毕业后的就业可能性，减少辍学的机率。

4. 培养社会责任感与公民意识

（1）开展社会服务活动：部分慈善资助计划可能要求受助学生参与社会服务活动，培养其社会责任感与公民意识。

（2）强调道德与伦理教育：公益性质的资助项目可能会强调学生的道德伦理教育，使其具备更好的社会适应能力。

（三）慈善与公益资助的影响

1. 对学生的影响

（1）改善学生生活状况：慈善与公益资助能够改善学生的经济状况，提高其在校学习的专注度，减轻生活压力。

（2）培养感恩心态：受益于资助的学生可能会培养出感恩心态，更有可能在未来回馈社会，成为具有社会责任感的公民。

2. 对教育机构的影响

（1）提高教育机构声誉：拥有慈善与公益资助的教育机构在社会上有更好的声誉，吸引更多学生报考。

（2）促使教育机构改善：资助方可能会要求教育机构提高教学质量，改进管理体制，以确保资助得以更有效地使用。

3. 对整个社会的影响

（1）促进社会公平：慈善与公益资助有助于缩小社会阶层差距，促进社会公平的实现。通过为经济困难学生提供资助，社会将更有可能培养出多样化、具备专业技能的人才队伍，推动社会向更加包容和公正的方向发展。

（2）提升整体教育水平：慈善与公益资助不仅关注个体，也关注整体教育体系的发展。通过改善学校设施、引进优秀教师和提升教育质量，有助于提高整体的职业教育水平。

（3）促进社会责任：慈善与公益资助不仅关注学术成绩，更关注学生的全面素养。通过培养学生的社会责任感、公民意识，为社会培养更具责任感的未来领导者。

（四）慈善与公益资助的实践案例

1. 盖茨基金会的全球教育项目

由比尔和梅琳达·盖茨基金会资助的全球教育项目致力于改善全球贫困地区的教育水平，通过提供奖学金、改善学校设施和培训教师等方式，积极推动职业教育的发展。

2. 中国扶贫基金会"阳光助学"计划

该计划针对中国农村贫困地区的学生，通过捐赠、设立奖学金等方式，为贫困学生提供资助，帮助他们顺利完成职业教育阶段的学业。

（五）慈善与公益资助的挑战与对策

1. 不平衡的资源分配

部分慈善与公益资助可能存在资源分配不均衡的问题，需要更科学、合理地确定资助对象，确保资源的精准投放。

2. 长期可持续性问题

慈善与公益资助需要具备长期可持续性，因此需要寻找更为稳定的资金来源，建立长效的慈善机制。

3. 评估与监管不足

部分资助项目可能存在评估与监管不足的问题，需要建立科学的评估机制，确保慈善与公益资助的效果得以实现。

（六）未来发展方向与建议

1. 建立多元化的慈善资助模式

鼓励慈善机构与企业、政府等多方合作，建立更多元化的慈善资助模式，提高慈善活动的可持续性。

2. 加强对受助学生的跟踪服务

慈善与公益资助应该不仅关注学生在校期间的经济需求，还要关心他们的就业状况，提供更全面的支持。

3. 加强公众宣传与参与

增加公众对慈善与公益资助的认知，鼓励更多人参与到资助活动中，形成更广泛的社会支持体系。

慈善与公益资助在职业教育中发挥着不可替代的作用，通过解决学费问题、提升教育质量和激发学生学习动力等方式，积极推动了职业教育的发展。然而，慈善与公益资助仍然面临一些挑战，需要各方共同努力，建立更为科学、可持续的慈善机制，确保其更好地为社会服务。

第三节　产业培训的发展与实践

一、产业培训的模式创新

随着产业的快速发展和科技的不断进步，传统的培训模式已经不能满足现代产业的需求。因此，产业培训的模式创新成为一个迫切需要解决的问题。本书将探讨产业培训的模式创新，包括创新的背景、主要创新方向、实施的挑战及未来发展趋势。

（一）产业培训模式创新的背景与现状

1. 产业发展的新要求

随着产业结构的升级和技术的不断革新，企业对员工的技能需求也在不断发生变化，要求培训模式更加贴近实际产业需求。

2. 数字化转型的推动

数字化技术的发展为培训模式创新提供了有力支持，虚拟现实、人工智能等技术的应用使培训更加灵活、个性化。

3. 全球化竞争的压力

随着全球化的加深，企业面临更为激烈的国际竞争，需要更高水平的人才。因此，培训模式需要更加国际化，适应全球化的人才需求。

（二）产业培训模式创新的主要方向

1. 技术驱动的培训模式

（1）虚拟现实与增强现实应用：利用虚拟现实和增强现实技术，员工可以在模拟环境中进行真实感十足的培训，尤其对需要实际操作技能的行业如制造业、医疗等尤为有效。

（2）在线学习平台与移动学习：创新的在线学习平台和移动学习应用使员工可以随时随地进行学习，提高学习的灵活性和效率。

2. 个性化定制的培训模式

（1）人工智能个性化推荐：利用人工智能分析员工的学习习惯、

职业发展规划等信息，为每个员工定制个性化的培训计划，提高培训的针对性。

（2）导师制度与学徒培训：强调由经验丰富的导师指导学员，或者通过学徒制度使新员工通过亲身实践逐步掌握所需技能。

3. 互动式合作学习模式

（1）团队项目与实战演练：培训中引入团队项目和实际案例，通过团队协作解决问题，提高员工的团队协作和实际应用能力。

（2）在线协作平台与社交学习：利用在线协作平台和社交媒体，促进员工之间的知识分享和互动学习。

（三）产业培训模式创新的实施挑战

1. 技术投入与成本

引入新技术和培训平台需要较大的投资，企业可能面临技术设备的购置成本和员工培训成本的压力。

2. 员工接受度与适应

一些员工可能对新的培训模式感到陌生，需要一定时间适应，而不同年龄层次的员工对于数字化培训的接受程度也存在差异。

3. 知识产权和隐私问题

在线学习平台涉及知识产权和员工隐私的问题，企业需要建立合理的规则和保护机制。

（四）未来发展趋势与建议

1. 融合线上线下培训

未来的培训模式将更多地融合线上和线下元素，构建一个全方位、多场景的培训体系，以适应不同学员的需求。

2. 引入智能化辅助

人工智能、大数据等技术的不断发展将使得培训更加智能化，可以通过智能化辅助工具实现更精准、个性化的培训。

3. 强调实际应用与解决问题能力

未来的培训模式将更加注重实际应用和解决问题能力的培养，培训内容将更加贴近产业实际，注重实践操作。

4. 建立完善的评估机制

发展先进的培训模式需要建立完善的评估机制，通过数据分析、反馈系统等手段，及时了解培训效果，进行持续优化。

5. 产业与教育机构的深度合作

产业培训模式创新需要产业与教育机构之间的深度合作，确保培训内容符合实际产业需求，提高培训的实效性。

产业培训的模式创新是适应当今快速变化的产业环境、提高员工职业素养的关键。通过技术驱动、个性化定制和互动式合作学习等创新方向，可以更好地满足不同产业、不同岗位的培训需求。然而，实施中仍然存在一些挑战，企业需要在技术投入、员工适应度和知识产权等方面进行全面考虑和有效解决。未来，随着技术的不断发展和教育理念的更新，产业培训的模式创新将更加多样化和智能化，为企业和员工提供更高效、更符合实际需求的培训体验。

二、行业标准与职业教育课程

行业标准在职业教育中的应用是确保培训内容与实际工作需求相匹配。本书将探讨行业标准与职业教育课程之间的关系，包括行业标准的定义、作用，以及如何在职业教育课程中融入行业标准以提升培训的实效性。

（一）行业标准的定义与作用

1. 行业标准的定义

行业标准是由相关行业组织、协会或政府制定的，用于规范和约束某一行业产品、服务、流程等方面的技术、质量、安全等。

2. 行业标准的作用

（1）规范行业行为：行业标准可以规范行业内各类行为，确保产品或服务的质量和安全性。

（2）提高市场竞争力：符合行业标准的产品或服务更容易获得市场认可，提高企业的市场竞争力。

（3）促进技术创新：行业标准有助于促进技术创新，推动整个行业向前发展。

（4）降低交易成本：具备统一标准的企业间交流更加高效，有助于降低交易成本。

（二）行业标准与职业教育的关系

1. 行业标准与职业能力要求的契合

行业标准通常明确了从业人员应该具备的技能、知识和素质，与职业教育的培养目标相契合。

2. 行业标准为课程提供基准

行业标准可以作为制定职业教育课程的基准，确保培养出的学生具备符合行业要求的能力。

3. 提高就业竞争力

学生在职业教育中学习符合行业标准的内容，将更容易融入行业，提高就业竞争力。

（三）在职业教育课程中融入行业标准的方法

1. 制定符合行业标准的课程目标

在制定职业教育课程时，应首先明确行业标准中所规定的从业人员应该具备的核心能力和素质，将其作为课程目标。

2. 整合行业实践案例

将行业标准中的实际案例融入教学中，让学生通过实际操作和解决问题的方式，更好地理解和应用行业标准。

3. 引入行业专业人士

邀请行业内专业人士作为课程讲师或导师，分享实际工作经验，帮助学生更好地理解和应用行业标准。

4. 定期更新课程内容

行业标准可能会随着行业的发展而发生变化，职业教育课程需要定期更新，确保培养出的学生始终符合最新的行业标准。

（四）行业标准在不同职业领域的应用

1. 医疗领域

行业标准在医疗领域可以涵盖临床实践、医疗设备操作等方面，确保医护人员具备必要的专业技能和服务水平。

2. 制造业

制造业的行业标准可能涉及生产工艺、产品质量控制等，职业教育课程需要培养学生的生产技能和质量管理能力。

3. 信息技术

行业标准在信息技术领域可以涉及编程规范、网络安全标准等，职业教育课程需要与时俱进地培养学生的技术能力。

（五）挑战与未来发展

1. 多样性和变化性

不同行业标准的多样性和变化性可能增加教育者制定和更新课程的难度。

2. 跨国企业需求

部分行业标准可能在不同国家存在差异，跨国企业在制定职业教育课程时需要考虑不同国家的标准。

3. 技术创新

随着技术的不断创新，行业标准也需要不断更新，职业教育需要紧跟技术发展，确保学生掌握最新的知识和技能。

行业标准与职业教育课程的紧密结合是提高教育实效性、培养适应行业需求的专业人才的有效途径。通过融入行业标准，职业教育可以更好地满足行业的用人需求，使学生在毕业后更容易融入职场，为社会经济的可持续发展作出贡献。在未来，随着行业标准的不断完善和职业教育体系的进一步优化，这种融合将更加深入，为培养更具竞争力的专业人才提供更为坚实的基础。

（六）参考建议

1. 建立行业与教育的紧密合作关系

通过建立产学合作、行业委员会等机制，促使行业标准的及时更新并直接反映在职业教育课程中。

2. 加强教育者的专业素养

教育者需要时刻关注行业动态，了解最新的行业标准，不断提升自己的专业素养，确保教学内容符合实际需求。

3．推动行业标准国际化

针对跨国企业和全球化趋势，推动行业标准的国际化，使其更具普适性，有利于跨国企业人才的培养。

4．建立评估机制

建立完善的评估机制，评估职业教育课程是否真正符合行业标准，以确保培养出的学生达到行业所需的水平。

5．引导学生参与实际项目

鼓励学生参与实际项目、实习等活动，通过实际经验更好地理解和应用行业标准，提升实际操作能力。

行业标准与职业教育课程的有机结合是当前职业教育领域的重要趋势。通过合理引入、灵活运用行业标准，可以更好地满足不同行业对人才的需求，培养更具实际操作能力和行业适应性的专业人才。行业标准不仅为职业教育提供了明确的目标和指导，也推动了行业内的技术创新和升级，为经济社会的可持续发展奠定了坚实的基础。在未来，随着行业标准体系的进一步完善和职业教育改革的深入推进，这一结合将在培养更多优秀人才、推动产业发展方面发挥更为重要的作用。

三、企业内部培训的经验分享

企业内部培训是组织中提升员工技能、知识和综合素质的关键手段之一。本书将分享一些企业在内部培训方面的经验，包括培训的设计、实施和评估等方面，以期为其他组织提供借鉴和启示。

（一）培训需求分析

1．定期调查与反馈

通过定期的员工需求调查和培训反馈，了解员工的学习需求和意见，有针对性地开展培训计划。

2．职业发展规划

鼓励员工制定职业发展规划，结合个人发展目标开展培训，使培训更具针对性和个性化。

（二）培训计划与设计

1. 制定清晰的培训目标

确保每次培训都有清晰的目标，与公司战略和员工个人发展紧密结合。

2. 灵活的培训形式

结合在线学习、工作坊、实地考察等多种培训形式，提高培训的趣味性和实效性。

（三）培训内容的选择

1. 紧跟行业趋势

确保培训内容与行业最新发展趋势保持一致，使员工具备前瞻性的专业知识。

2. 技术与软技能并重

既注重技术能力的培训，也要关注员工的软技能培养，如沟通、团队合作等。

（四）培训师资的选择与培养

1. 专业背景与实践经验

选择具有丰富实践经验和专业知识的培训师，确保培训内容真实可行。

2. 内部导师制度

建立内部导师制度，通过内部员工分享经验，促进员工之间的学习与交流。

（五）培训资源的充分利用

1. 在线学习平台

利用先进的在线学习平台，提供便捷的学习资源和培训材料，方便员工随时随地学习。

2. 行业专家合作

与行业专家建立合作关系，邀请他们进行特定领域的培训，提高培训的专业性。

（六）培训成效的评估与调整

1. 制定评估指标

设定明确的培训成效评估指标，包括知识水平、技能提升、业绩改进等。

2. 反馈机制

建立员工对培训的反馈机制，通过问卷调查、面谈等方式了解员工的培训感受和建议。

（七）成功案例分享

1. 领导力培训

通过定期的领导力培训，提升管理层的领导力和团队管理能力，为公司长远发展提供人才储备。

2. 技术创新培训

针对新技术的快速发展，开展技术创新培训，使员工了解最新技术趋势，提高技术应用水平。

（八）挑战与对策

1. 时间与成本压力

员工通常会面临时间紧张和工作压力等问题，因此培训需要更加灵活，适应员工的工作日程。

2. 培训成果的可持续性

培训后，需要建立长效的学习机制，确保员工能够持续应用培训所得知识。

（九）未来发展趋势

1. 个性化培训计划

基于人工智能和大数据技术，制订个性化的培训计划，更好地满足员工个性化的学习需求。

2. 虚拟现实培训

利用虚拟现实技术进行模拟培训，提供更真实的学习场景，提高培训的实战性。

企业内部培训是组织发展和员工成长的关键环节。通过不断优化培训计划、灵活运用各种培训形式、注重员工需求，企业能够培养出更具竞争力的团队。在未来，随着科技的发展，企业内部培训将更加智能化和个性化，为员工提供更为优质的学习体验。希望企业能够继续分享和交流内部培训的成功经验，推动组织和员工的共同发展。

第六章　职业教育展望与未来发展

第一节　职业教育创新的未来趋势

一、技术的发展对职业教育的影响

技术的发展对职业教育产生了深远的影响。随着科技的不断进步和社会的变革，传统的职业教育模式正在经历革命性的变化。本书将探讨技术对职业教育的影响，包括数字化教育、在线学习、虚拟现实、人工智能和自动化等方面的影响，并讨论这些变化对职业教育体系、学生和教育者的影响。

（一）数字化教育的崛起

随着互联网的普及，数字化教育成为职业教育领域的一项重要趋势。数字化教育包括在线课程、电子教材、远程培训等多种形式，它使学习更加灵活和便捷。学生可以通过电脑、平板电脑或手机随时随地访问课程内容，不再受制于时间和地点。这种灵活性为那些需要兼顾工作、家庭和学习的成年学生提供了更多的选择。

数字化教育还提供了更多的学习资源。学生可以通过互联网访问丰富的教育内容，包括教学视频、在线教程、模拟实验等。这种多样化的学习资源可以满足不同学习风格和需求的学生。同时，数字化教育也为教育者提供了更多的工具，可以更好地跟踪学生的进展并提供个性化的指导。

然而，数字化教育也面临一些挑战。一些人担心，过度依赖技术可能导致人际交往减少，学生之间的互动和合作减少。此外，数字化教育需要一定的技术基础，不是每个人都具备这些技能。因此，数字化教育可能会加剧数字鸿沟，即那些无法访问或使用数字技术的人将被排除在教育的边缘。

（二）在线学习的兴起

在线学习是数字化教育的一个重要组成部分。随着在线学习平台的兴起，学生可以通过互联网参加全球各地的课程。这种形式的教育为学生提供了更多的选择，他们可以选择自己感兴趣的课程，而不受地理位置的限制。

在线学习还促使一些知名大学和机构提供免费或低成本的课程，使高等教育变得更加普及。这对那些无法负担传统高等教育费用的学生来说是一个巨大的机会。

此外，在线学习也鼓励了终身学习的理念。人们可以在职业生涯的不同阶段继续学习，以跟上不断变化的技术和市场需求。这有助于提高职业素质和竞争力。

然而，在线学习也存在一些问题。其中一个问题是质量控制，因为在线课程的质量参差不齐；另一个问题是学生的自律性，因为在线学习通常需要学生具备一定的自我管理和组织能力。最后，在线学习也可能削弱传统教育机构的地位，对一些学校和教育者构成竞争压力。

（三）虚拟现实的应用

虚拟现实技术的发展也对职业教育产生了重大影响。通过虚拟现实，学生可以参与模拟实验、培训和演练，无须真实环境。这为职业教育提供了更加安全和经济的培训方式，特别是对那些需要处理危险或昂贵设备的行业。

例如，在医疗领域，医学生可以通过虚拟现实模拟手术，提高他们的技能，减少对真实患者进行手术的风险。在制造业，工程师可以使用虚拟现实来设计和测试产品，而不必制造原型。这种技术也在航空、军事和建筑等领域得到广泛应用。

虚拟现实还可以提供更丰富的学习体验，激发学生的兴趣，提高学生的参与度。通过虚拟现实，学生可以身临其境地体验历史事件、文化场景和科学现象，这将教育带到了一个全新的水平。

然而，虚拟现实技术的普及和应用还面临一些挑战，包括成本、设备需求和内容制作的复杂性。此外，一些人担心虚拟现实可能导致与现实世界的脱节，对学生的社交和情感发展产生负面影响。

（四）人工智能的应用

人工智能在职业教育中的应用也在不断增加。人工智能可以在改进教育体系、个性化学习和教学辅助方面发挥重要作用。以下是人工智能对职业教育的影响。

1. 个性化学习

人工智能可以根据学生的学习风格、水平和兴趣提供个性化的学习体验。通过分析大量的学习数据，人工智能系统可以定制课程内容、推荐学习资源，甚至调整学习进度，以最大程度地满足每个学生的需求。

2. 自动化评估和反馈

人工智能技术能够自动评估学生的学术表现，并提供即时反馈。这样的自动化过程可以减轻教育者的负担，使其更集中精力于学生的个性化指导和支持上。

3. 职业规划和就业指导

人工智能可以分析就业市场的趋势和需求，为学生提供更准确的职业规划建议。通过分析个人技能、兴趣和市场需求，人工智能还可以帮助学生找到最适合他们的职业道路。

4. 语音和自然语言处理

语音技术和自然语言处理使得学生能够通过语音交互进行学习。这为那些阅读和书写能力有限的学生提供了更多的学习途径。同时，语音技术也可以用于提供实时语音反馈，帮助学生纠正发音和语法错误。

5. 虚拟助教和学习伙伴

虚拟助教和学习伙伴是由人工智能驱动的程序，可以模拟与学生互动。它们可以回答常见问题、提供解释，甚至进行基础的教学。这对于在学校之外需要额外辅导的学生来说，是一种有益的资源。

（五）在职业教育中应用人工智能的挑战

人工智能在职业教育中的应用也引发了一些担忧和挑战。其中一些问题包括以下四方面。

1. 数据隐私和安全

人工智能系统需要大量的学习数据来进行个性化学习和评估。但如何保护学生的隐私和确保数据的安全成为一个重要的问题，特别是在涉及个人信息识别的情况下。

2. 技术不平等

一些学校或地区可能无法提供足够的技术支持，导致技术不平等的问题。这可能使得一些学生无法享受到人工智能在学习中的优势，加剧了数字鸿沟。

3. 人类教育者的角色

尽管人工智能可以提供许多个性化的学习支持，但仍然需要人类教育者的专业知识来引导学生的道德和社会发展。因此，教育者需要适应新技术，发挥其独特的作用。

4. 算法公正性和透明度

人工智能算法可能存在偏见，尤其是在数据训练集中存在偏见的情况下。确保算法的公正性和透明度，防止对某些学生的不公平对待，是一个迫切的问题。

在面对这些挑战时，社会需要采取措施来确保人工智能的应用符合伦理标准，推进公平和包容的教育。

（六）自动化对职业需求的变化

随着自动化技术的进步，某些职业可能会减少，而其他职业则会产生。这对职业教育提出了新的挑战，需要调整培训内容和方法，以适应不断变化的劳动市场。

1. 新兴职业的培训需求

一些新兴领域，如人工智能、大数据分析、物联网等，将成为未来就业的主要领域。因此，职业教育需要调整课程，培养学生在这些领域的技能。

2. 跨学科技能的重要性

未来的工作环境可能更需要跨学科技能，而不仅仅是专业领域的专业知识。因此，职业教育需要强调培养学生的创新能力、解决问题的能力和团队协作能力。

3. 终身学习的理念

由于职业需求的不断变化，终身学习的理念将变得越来越重要。职业教育不仅是为了初入职场的学生，也需要为在职人员提供不断更新和提升技能的机会。

4. 强调人文和社交技能

随着自动化技术的普及，一些传统的技能，如沟通、团队协作、创造力等，变得更为重要。因此，职业教育需要注重培养学生的人文和社交技能，使其更好地适应多样化的工作环境。

（七）技术对教育管理和组织的影响

技术的发展也对职业教育的管理和组织产生了深远的影响。以下是一些方面的变革。

1. 学校管理系统的数字化

学校管理系统的数字化使得学校能够更有效地管理学生信息、教职员工信息、成绩记录等。这提高了学校的运作效率，同时也为学生和家长提供了更便捷的信息访问渠道。

2. 在线招生和注册

通过在线招生和注册系统，学校能够简化招生过程，提高效率，并减少纸质文件的使用。这也为学生提供了更便捷的入学途径，减轻了行政负担。

3. 大数据在教育决策中的应用

大数据分析使得学校和教育机构能够更好地了解学生的学习情况、教学效果和整体运作。这有助于制定更科学的教育政策和决策，提高教学质量。

4. 虚拟会议和协作工具

技术使得教育者和学生能够通过虚拟会议和协作工具进行远程教学和合作。这在面对突发事件（比如疫情）时，为学校提供了灵活的应对方案。

5. 职业教育的全球化

随着互联网的普及，职业教育不再受限于地理位置。学生可以通过在线学习平台获取来自世界各地的课程，与来自不同文化背景的学生互动。这提供了全球化的教育体验，使学生更容易获得国际化的教育资源。

6. 区块链技术在学历认证中的应用

区块链技术可以提高学历认证的透明度和可靠性。学生的学历记录可以被安全地存储在区块链上，从而防止文凭伪造。这为雇主提供了可信赖的招聘依据。

综合起来，技术的快速发展给职业教育带来了许多积极的变革。数字化、在线学习、虚拟现实和人工智能等技术的应用使得学习更加灵活、个性化，并促进了终身学习的理念。然而，这些变革也伴随着一系列挑战，包括技术不平等、数据隐私和人工智能的偏见等问题。教育机构、政府和社会需要共同努力，制定合理的政策和标准，确保技术的应用能够为职业教育的发展带来最大的利益，同时保障教育的公平性和质量。

二、职业教育全球化与国际交流的加强

随着全球化的加速发展，职业教育也逐渐走向全球化，并在国际范围内变得越来越重要。职业教育不仅仅是国家经济的支柱，也是国际社会发展的关键因素。本书将探讨职业教育全球化的趋势、原因、影响和国际交流的加强，以及这些变化如何塑造了未来的职业教育。

（一）职业教育全球化的趋势

1. 国际化课程和学位

越来越多的职业教育机构开始提供国际化的课程和学位。这些课程通常具有更广泛的适用性，可以让学生在国际市场上更容易找到工作。例如，一些大学提供国际工商管理硕士课程，吸引了来自世界各地的学生。

2. 国际合作与伙伴关系

职业教育机构之间的国际合作与伙伴关系越来越普遍。这种合作可以包括学生交换计划、联合研究项目和教师交流等，有助于促进国际交流和共享资源。

3. 在线学习和远程教育

互联网技术的发展使得学生可以通过在线学习平台获得来自世界各地的职业教育。这种灵活性促使越来越多的学生选择跨足国界的职业教育。

4. 国际认证与标准

一些行业和职业领域逐渐采用国际认证与标准，以确保学生在国际范围内具有相同的职业素质。这有助于消除国际职场的壁垒，使毕业生更容易就业。

5. 国际职业机会的增加

全球化使得跨国公司和国际组织的数量增加，使国际职业机会的增加。因此，学生更有动力接受国际化的职业教育，以适应国际职场的需求。

（二）职业教育全球化的原因

1. 国际化劳动力市场

全球化催生了国际化的劳动力市场，雇主越来越需要具备跨文化技能和国际背景的员工。职业教育需要适应这一需求，培养具备国际竞争力的毕业生。

2. 知识经济的崛起

现代经济越来越依赖知识和技能，而不仅仅是物质生产。职业教育需要与国际前沿技术和知识保持同步，以确保学生具备竞争力。

3. 全球化的劳动力供应

全球范围内，劳动力供应具有高度的流动性。国际学生愿意前往他国接受职业教育，以提高自己的就业竞争力，这推动了职业教育的国际化。

4. 全球性挑战

全球性挑战，如气候变化、健康危机、国际安全等问题，需要跨国合作和多元化的解决方案。因此，职业教育需要培养具备国际视野和全球公民意识的学生。

（三）职业教育全球化的影响

1. 增加国际竞争力

接受国际化职业教育的学生具有更广泛的技能和更好的国际竞争力。他们更容易找到国际职业机会，担任领导职务，并在国际市场上取得成功。

2. 促进文化多样性

国际化的职业教育促进了不同文化和背景的学生之间的交流和理解。这有助于打破文化隔阂，培养全球公民的思维方式。

3. 推动创新

国际交流和合作有助于推动创新。不同文化和国家的学生和教育者汇集在一起，分享不同的观点和经验，这有助于产生新的思想和创新性的解决方案。

4. 提高教育质量

与国际机构和教育者的合作有助于提高教育质量。学校可以借鉴其他国家的最佳实践，提供更丰富的教育资源。

5. 促进社会发展

国际化的职业教育有助于国家的社会发展。具备国际视野的人才可以更好地解决国内和国际挑战，推动社会进步。

（四）国际交流的加强

国际交流在职业教育中的加强是实现全球化目标的关键一环。以下是促进国际交流的一些重要方面。

1. 学生交流项目

促进学生之间的国际交流是实现全球化教育的重要手段。学生可以通过学生交流项目，如国际实习、交换学生计划等，亲身体验不同文化、教育体系和职业环境，拓展视野，增加国际竞争力。

2. 国际研究合作

学校和研究机构之间的国际合作可以推动全球职业教育的发展。共同研究项目、学术研讨会和科研交流活动有助于促进不同国家之间的学术交流，推动职业教育领域的创新。

3. 教师交流计划

鼓励教师的国际交流也是实现全球化教育的关键。教师可以通过参与国际研讨会、访问其他国家的职业教育机构，分享教学方法和最佳实践，提高教学水平。

4. 虚拟交流平台

随着科技的发展，虚拟交流平台成为促进国际交流的有效手段。在线课程、远程合作项目和虚拟团队合作可以跨越时空限制，促进全球学生和教育者的互动。

5. 国际会议和展览

参与国际职业教育的会议和展览是了解全球趋势、分享经验的重要途径。这些活动提供了一个平台，使不同国家的教育从业者可以互相学习，共同推动全球职业教育的发展。

充分发挥这些国际交流的手段，有助于打破地理和文化的障碍，促进全球范围内的合作与共享。

（五）挑战与未来展望

虽然职业教育全球化和国际交流带来了许多机遇，但也伴随着一些挑战。

1. 文化差异和语言障碍

学生和教育者在国际交流中可能会面临文化差异和语言障碍。这需要采取措施，提供文化敏感性培训和语言支持，以促进更顺畅的国际交流。

2. 不平等问题

由于资源分配和发展水平的不平等，一些国家和地区的职业教育机会可能受到限制。应该采取措施，确保全球范围内的职业教育机会更加平等和普及。

3. 标准和认证的问题

由于不同国家的职业教育体系存在差异，标准和认证体系也各异。国际交流需要更多的努力来解决这一问题，确保学生在全球范围内获得的证书和学位得到广泛认可。

未来，为了更好地应对这些挑战，可以采取以下措施。

1. 建立国际合作框架

促进国际教育的有效合作需要建立更加灵活和开放的合作框架，以适应不同国家和地区的需求。

2. 推动技术创新

利用新技术，如虚拟现实、人工智能等，促进全球化的在线学习和远程教育，提高职业教育的覆盖面和灵活性。

3. 加强文化交流

通过加强文化交流和跨文化培训，帮助学生和教育者更好地适应国际化的学习和工作环境。

4. 制定国际标准

鼓励国际组织、政府和教育机构共同制定国际标准，以便更好地衡量和比较不同国家和地区的职业教育质量。

总体而言，职业教育全球化和国际交流是不可逆转的趋势。通过共同努力，可以最大限度地发挥全球范围内职业教育的潜力，为学生提供更丰富更富有挑战性的学习经历，为全球社会的可持续发展作出贡献。

（六）国际化职业教育的未来展望

1. 强化跨学科教育

未来的国际化职业教育将更加注重跨学科教育，培养学生在不同领域的综合能力。这有助于应对复杂的全球挑战，如可持续发展、人工智能等。

2. 拓展技术领域的合作

随着技术的不断发展，国际化职业教育将更加注重技术领域的合作。全球范围内的职业教育机构可以共同研究、开发和推广最新的技术，以适应快速变化的职业环境。

3. 加强全球职业导向

国际化职业教育将更加强调全球职业导向，帮助学生更好地理解和适应国际职业市场。这可能包括提供国际实习机会、跨国公司合作项目等。

4. 提升全球市场透明度

为了帮助学生更好地了解全球职业市场，未来的国际化职业教育可能会促进全球市场的透明度，包括国际认证、标准化职业资格等。

5. 强调全球公民意识

国际化职业教育将更加注重培养学生的全球公民意识。这包括社会责任、文化尊重和国际合作等方面的素养，使学生成为全球化时代的积极参与者。

6. 利用人工智能和大数据

未来的国际化职业教育将更加倚重人工智能和大数据技术。这包括个性化学习、智能导师系统和学生表现分析等，以提供更有效的教学和支持。

7. 强化语言和跨文化沟通能力

随着国际交流的加强，未来的国际化职业教育将更加强调语言和跨文化沟通能力的培养。这有助于学生更好地适应国际职场的多样性。

总体而言，未来国际化职业教育将更加全面、深入，致力于培养全球化时代所需的复合型、创新型人才。在不断变化的国际职业环境中，适应性、跨文化理解和创新思维将成为职业教育的核心目标。各国教育机构、政府和企业需要通力合作，共同推动国际职业教育的发展，为全球社会的繁荣和可持续发展作出积极贡献。

三、职业教育理念的演进与变革

职业教育是培养学生获取特定职业技能和知识的关键教育领域，其理念和实践一直在不断演进和变革。本书将探讨职业教育理念的历史演进、推动变革的因素、当前的趋势及未来的展望。

（一）职业教育理念的历史演进

1. 手工艺教育时代

职业教育最早可以追溯到古代的手工艺教育时代。在这个时期，技能和知识主要通过传统的大师傅制度传承，学徒通过长时间的实践和传统工作方式来获得技能。

2. 工业革命和职业培训

工业革命的兴起导致了职业教育的重大演变。工业化的生产需要大量熟练工人，于是职业培训学校开始兴起。这些学校致力于培养工人、技术人员和技工，以满足工业化社会的需求。

3. 职业学院和职业技术教育

20 世纪初，职业学院和职业技术教育逐渐崭露头角。这些学校提供更广泛的职业教育，涵盖了更多领域，如商业、护理、工程等。职业教育的范围和多样性开始显著扩展。

4. 技术和职业教育的普及

20 世纪中期以来，技术和职业教育变得越来越普及。各国政府开始投资于职业教育，以满足不断增长的劳动市场需求。这个时期强调了实用性和就业机会。

5. 职业教育的多元化

近年来，职业教育已经发生了巨大的变化，不再仅限于传统的技工培训。现代职业教育包括高等教育机构、技术学院、在线学习平台等各种形式，涵盖了广泛的职业领域，从医疗保健到信息技术。

（二）推动职业教育变革的因素

1. 技术的快速发展

数字化技术和自动化正在改变劳动市场，导致新的技能需求。职业教育需要适应这些变化，为学生提供与技术革命相关的培训和技能。

2. 全球化的劳动力市场

全球化使得跨国公司和国际组织的数量增加，这导致了国际职业机会的增加。职业教育需要为学生提供更全球化的视角，以适应国际职场的需求。

3. 社会变革

社会的价值观和需求正在发生变化，涉及性别平等、多元化、可持续发展等方面。职业教育需要反映这些变化，培养具备社会责任感和文化敏感性的学生。

4. 终身学习的需求

职业教育不再仅限于初级培训，还包括终身学习的理念。在职业生涯中，人们需要不断更新和提升技能，职业教育需要为这一需求提供支持。

5. 数据驱动的教育

数据分析和评估工具的普及使得职业教育更容易跟踪学生的进展，并提供个性化的支持和建议。这有助于提高教育质量和学生的成功率。

（三）当前的职业教育趋势

1. 个性化学习

个性化学习是当前职业教育的主要趋势之一。通过技术和数据分析，教育者可以根据学生的学习需求和水平提供定制化的课程和资源。

2. 在线和远程学习

在线学习和远程学习已经变得普及，特别是在应对新冠疫情的过程中。

这种趋势预示着未来职业教育将更多地依赖数字技术和虚拟学习环境。

3. 技术与行业合作

为了确保学生具备实际技能和工作经验，职业教育机构越来越多地与行业合作。这包括实习、实践项目、行业认证等。

4. 可持续发展和绿色技术

全球对可持续发展和绿色技术的需求增加，这影响了职业教育的内容和重点。学生需要了解可持续发展原则和环保技术。

5. 社会情感技能的强调

除了技术技能，现代职业教育越来越注重培养学生的社会情感技能，如沟通、团队协作、解决问题能力等。这是因为在职场中，除了专业知识外，具备良好的人际关系和团队合作能力同样重要。

6. 职业导向的综合素质培养

职业教育逐渐转向更全面的综合素质培养，强调学生的职业导向。这包括职业规划、职场道德、领导力等方面的培训，使学生更好地为职业生涯做好准备。

7. 全球化和跨文化教育

随着全球化的发展，职业教育也更加强调全球化和跨文化的视野。学生需要了解不同文化、国家和地区的商业实践，以适应全球职业市场的需求。

8. 基于实践的学习

理论知识的教育仍然重要，但现代职业教育更强调基于实践的学习。实际工作经验、实地考察、实际项目等形式的学习成为培养学生实际操作能力的有效手段。

9. 行业认证和标准化

为了提高职业教育的质量和学生的就业竞争力，越来越多的行业开始推行认证和标准化。这些认证通常由行业组织或相关机构颁发，确保学生掌握符合行业标准的技能和知识。

（四）未来展望

1. 智能化和人工智能的整合

未来职业教育将更加整合智能化和人工智能技术。虚拟现实、人工智能辅助教学等技术将为学生提供更真实、个忙化的学习体验。

2. 全球化职业认证体系

为了解决跨国就业的问题，可能会出现更加全球化的职业认证体系，使得学生在全球范围内的学历和技能更具通用性。

3. 强化终身学习理念

终身学习理念将成为职业教育的核心。在职业生涯中，学生需要不断更新自己的知识和技能，适应快速变化的工作环境。

4. 职业教育与可持续发展的融合

随着社会对可持续发展的关注增加，职业教育将更多地融入可持续发展的理念，培养学生在职业实践中关注社会、环境和经济的全面素质。

5. 全球协作的加强

为了更好地培养具备全球视野的人才，职业教育将加强与国际教育机构、企业的协作，推动全球性的项目和交流活动。

总体而言，未来职业教育将更加弹性、多样化，更注重培养学生的创新能力、问题解决能力及适应变化的能力。教育者、政府、企业和学生需要共同努力，以确保职业教育能够持续地适应社会、经济和技术的变化，为学生提供更有价值的职业发展机会。

（五）挑战与应对策略

尽管职业教育在不断发展和变革，但仍然面临一些挑战，包括以下几方面。

1. 技术进步速度快

技术的快速发展意味着职业教育需要不断跟进，确保学生毕业时具备最新的技能。教育机构需要建立灵活的课程结构，整合新兴技术和行业趋势。

2. 社会需求变化快

社会对职业教育的需求在不断变化，而教育机构的调整和变革可能需要较长时间。因此，建立更加灵活、快速响应社会需求的机制是必要的。

3. 文化和语言差异

全球化趋势下，学生可能来自不同的文化背景，使用不同的语言。职业教育需要提供多语言支持，促进跨文化交流和理解。

4. 贫困和社会不平等

职业教育的机会仍然受到社会不平等的影响。确保所有学生都能够获得高质量的职业教育，特别是那些来自经济较为困难的家庭的学生，是一个重要的挑战。

5. 教育质量保障

随着职业教育的普及，确保教育质量和学生的学术成就成为一个关键问题。建立有效的质量保障机制，包括评估、认证和监管机制，是确保职业教育质量的关键。

为应对这些挑战，有以下策略可以考虑。

1. 建立灵活的课程和课程更新机制

教育机构需要建立灵活的课程结构，便于迅速调整和更新课程，以适应技术和行业的快速变化。

2. 推动终身学习

强调终身学习理念，通过提供不同形式的学习机会，使得学生在职业生涯中可以持续提升技能。

3. 提升文化和语言教育

强调跨文化教育和多语言支持，确保学生能够在全球范围内更好地交流和合作。

4. 实施平等教育政策

通过推行平等教育政策，包括提供奖学金、补助和其他支持措施，确保每个学生都有平等的接受职业教育的机会。

5. 加强质量保障机制

建立有效的质量保障机制，包括行业认证、教育评估和教育监管，以确保职业教育的质量和有效性。

职业教育理念的演进和变革是不可避免的，与社会、技术、经济等多方面因素密切相关。从手工艺教育时代到数字化时代，职业教育一直在不断适应和回应社会的需求。未来，随着技术的不断发展、全球化的深化及社会对可持续发展的关注，职业教育将继续发生深刻的变革。

为了确保职业教育的有效性和质量，各方需要共同努力，包括教育机构、政府、行业组织和企业。建立灵活的课程结构、推动终身学习、加强文化和语言教育、实施平等教育政策、加强质量保障机制，这些都是实现职业教育目标的关键步骤。

通过不断思考和创新，职业教育可以更好地服务学生、满足社会需求，培养更具有全球竞争力的人才。在这个过程中，我们应保持开放的心态，关注变革中的机遇，共同塑造未来职业教育的发展方向。

第二节 未来研究方向与建议

一、职业教育领域的研究需求

随着社会的不断发展和经济的不断变化，职业教育领域的重要性日益凸显。职业教育旨在为学生提供与特定职业或行业相关的技能和知识，以满足就业市场的需求。然而，随着技术的迅速发展和全球化的影响，职业教育也面临着新的挑战和机遇。本书将探讨职业教育领域的研究需求，以应对当前和未来的挑战，推动职业教育的不断发展和改进。

（一）技术和职业教育

随着信息技术的快速发展，技术已经成为职业教育领域的一个关键因素。研究需求之一是深入了解技术对职业教育的影响，以确定如何更好地整合技术进入课程和教学方法。这包括研究在线教育、虚拟现实、人工智能等新技术在职业教育中的应用，以提高学生的学习体验和就业前景。

1. 在线教育的研究

随着互联网的普及，在线教育在职业教育领域的应用日益广泛。需要研究在线教育的有效性，包括教育质量、学生参与度和成果评估等方面。此外，还需要研究在线教育与传统面对面教育之间的差异，以确定何时以及如何最好地使用在线教育。

2. 虚拟现实和增强现实的研究

虚拟现实和增强现实技术正在为职业教育提供全新的机会。研究需求包括开发适用于不同职业领域的虚拟现实和增强现实应用程序，以及评估这些技术对学生的影响。此外，还需要研究如何降低虚拟现实和增强现实技术的成本，以确保广泛的可访问性。

3. 人工智能和自动化的研究

人工智能和自动化技术已经改变了许多职业领域的工作方式。研究需求包括探讨人工智能在职业教育中的应用，以培养学生在自动化时代所需的技能。此外，还需要研究如何帮助学生适应工作环境中的变化和技术进步。

（二）全球化和跨文化职业教育

全球化已经改变了职业教育的面貌，学生需要更多的跨文化和国际化技能。因此，研究需求之一是探讨跨文化职业教育的最佳实践和方法。

1. 跨文化教育的研究

跨文化教育涉及不同文化背景的学生和教师之间的交流和合作。研究需求包括探讨跨文化教育的挑战，如语言障碍、文化差异和教育方式的差异，以及如何克服这些挑战。此外，还需要研究如何培养跨文化教育的教师和学生，以提高他们的跨文化能力。

2. 国际化职业教育的研究

国际化职业教育涉及培养具有国际竞争力的技能和知识的学生。研究需求包括探讨国际化职业教育的课程设计、学生交流项目和国际合作机会等方面的最佳实践。此外，还需要研究国际化职业教育对学生就业机会和职业发展的影响。

（三）职业教育的适应性和灵活性

职业教育需要适应不断变化的社会和经济环境。因此，研究需求之一是研究如何使职业教育具有灵活性和适应性，以满足不同学生和行业的需求。

1. 灵活教育模式的研究

传统的职业教育模式可能不再适应快速变化的工作环境。需要研究灵活的教育模式，如模块化课程、在线学习和自主学习，以满足学生的不同需求。此外，还需要研究如何评估这些灵活教育模式的效果。

2. 跨学科教育的研究

许多职业领域需要跨学科的知识和技能。研究需求包括探讨如何促进跨学科教育，以及如何打破学科之间的壁垒，促使学生在多个领域中建立综合技能。此外，还需要研究跨学科教育对学生创新能力和问题解决能力的影响。

3. 职业生涯规划和辅导的研究

随着职业选择的多样性和变化性增加，职业生涯规划和辅导变得尤为重要。需要研究如何为学生提供有效的职业规划支持，包括个性化的辅导、职业导航工具和实习机会。此外，还需要研究职业生涯规划对学生职业满意度和就业成功的影响。

（四）职业教育的质量保障和评估

为了确保职业教育的有效性和质量，研究需求包括发展有效的评估方法和质量保障机制。

1. 教学评估的研究

研究需要关注如何评估职业教育的教学质量，包括课程设计、教学方法和教师素质等方面。这可能涉及开发新的评估工具，以更全面地衡量学生的学习成果和技能发展。

2. 行业认证和标准的研究

行业认证和标准对于确保职业教育的质量至关重要。研究需求包括调查不同行业的认证标准，并研究它们与学生就业机会和职业发展的关系。此外，还需要研究如何更新和调整认证标准，以适应不断变化的行业需求。

3. 学生评价和反馈的研究

学生的反馈是提高职业教育质量的重要信息源。需要研究如何收集有效的学生反馈，以及如何利用这些反馈来改进课程和教学。此外，还需要研究学生参与评估过程的方法，以增强其参与感和责任感。

（五）职业教育的社会责任和可持续发展

职业教育不仅仅是为了满足就业市场的需求，还应该承担社会责任，促进可持续发展。因此，研究需求包括探讨职业教育如何更好地服务社会，并支持可持续的经济和社会发展。

1. 社会责任教育的研究

社会责任教育旨在培养学生的社会责任感和公民意识。需要研究如何将社会责任教育融入职业教育课程，并评估这种教育对学生社会参与的影响。

2. 可持续发展教育的研究

可持续发展教育强调社会、经济和环境的平衡。研究需求包括研究如何将可持续发展原则整合到职业教育中，培养学生的可持续思维和实践。

3. 社区合作和伙伴关系的研究

建立与社区和行业的合作关系对于提高职业教育的实效性和社会影响至关重要。需要研究如何建立有效的社区合作和伙伴关系，以确保职业教育与实际行业需求相符合，并为学生提供更多实践机会。

职业教育作为培养社会所需技能和知识的重要途径，面临着多方面的挑战和机遇。通过深入研究技术与职业教育、全球化与跨文化教育、适应性与灵活性、质量保障与评估、社会责任与可持续发展等方面的问题，可以为职业教育的不断创新和提升提供有力的支持。在未来的研究中，需要不断关注社会的发展变化，不断调整研究方向，以推动职业教育更好地满足社会和学生的需求。

二、职业教育创新教学方法的继续研究

随着社会和经济的快速发展，职业教育在培养具备实际工作技能的人才方面变得更加重要。传统的教学方法逐渐显得滞后，无法满足不断变化的行业需求。因此，对职业教育创新教学方法的研究变得至关重要。本书将探讨职业教育创新教学方法的现状、挑战，并提出未来研究的方向。

（一）现有职业教育创新教学方法的概述

1. 问题导向学习

问题导向学习强调学生通过解决实际问题来获得知识和技能。这种方法鼓励学生主动参与学习过程，培养解决问题的能力和团队协作技能。研究可以关注如何更好地设计和实施问题导向课程，以提高学生的学习

效果。

2．项目式学习

项目式学习让学生通过实际项目来学习和应用知识。该方法注重实践操作，培养学生的创造力和实际操作能力。研究需关注如何设计具有挑战性和实际意义的项目，以及项目式学习对学生的职业发展的影响。

3．技术整合教学

将先进技术整合到教学中，如虚拟现实、增强现实和人工智能。这些技术为学生提供了更具体、实际的学习体验。研究需关注技术整合的有效性、实施难点，以及如何培训教师运用这些技术。

4．跨学科教学

跨学科教学突破传统学科界限，鼓励学生从多个学科中获取知识。研究需关注如何促进跨学科教学的实施，以及跨学科教学对学生创新思维和问题解决能力的影响。

（二）挑战和问题

1．教师培训和支持

创新教学方法的成功实施需要教师具备相应的知识和技能。因此，教师培训成为一个重要的挑战。研究可关注如何为教师提供更有效的培训和支持，以便他们能够灵活应对创新教学的需求。

2．技术设备和基础设施

一些创新教学方法需要先进的技术设备和基础设施的支持，例如虚拟实验室或在线协作工具。然而，不同学校和地区的技术设备水平存在差异，这可能导致资源不均衡的问题。研究可以关注如何解决技术设备和基础设施的不平衡问题，以确保每个学生都能享受到创新教学带来的好处。

3．评估体系的建设

传统的评估体系可能无法完全适应创新教学方法的特点。如何设计和建立能够全面评估学生综合能力的新型评估体系是一个亟待解决的问题。研究可以聚焦于开发新的评估工具，以更准确地反映学生在创新教学中的学习成果。

4．跨学科整合的难点

跨学科教学要求教师在多个学科领域中具备足够的知识。然而，这对于某些学科专业的教师可能是一个挑战。研究可以关注如何促进跨学科团队的合作，以充分发挥每个成员的专业优势。

（三）未来研究方向

1. 个性化学习路径

个性化学习路径将教学内容和方式根据学生的兴趣、学科水平和学习风格进行调整。未来的研究可以探索如何利用技术支持实现个性化学习路径，并研究个性化学习对学生学业成绩和职业发展的影响。

2. 社交学习和协作

社交学习和协作在职业教育中具有重要地位。未来的研究可以关注如何通过在线平台、社交媒体和协作工具促进学生之间的交流和协作，以及这种社交学习对学生团队合作能力的影响。

3. 可持续发展和社会责任

未来研究可以探讨如何将可持续发展和社会责任融入到职业教育创新教学方法中。这包括培养学生对社会和环境问题的关注，以及通过职业发展为社会可持续发展作出贡献的能力。研究可以深入探讨将社会责任教育和可持续发展原则纳入职业教育课程的最佳实践。

4. 游戏化教学

游戏化教学是一种通过游戏元素来激发学生学习兴趣和提高参与度的方法。未来的研究可以关注如何有效地运用游戏化元素，设计富有挑战性和启发性的学习游戏，以促进学生的学习动机和深度参与。

5. 辅助智能和自适应学习系统

辅助智能和自适应学习系统可以根据学生的学习表现和需求调整教学内容。未来的研究可以集中开发更智能、更个性化的辅助智能系统，以提高教学效果和帮助学生更好地适应学习过程。

6. 行业合作和实习项目

与行业合作和实习项目的结合可以帮助学生更好地理解实际工作环境和应用所学知识。未来的研究可以关注如何建立更紧密的行业合作关系，设计更具实际意义的实习项目，并研究这些项目对学生职业发展的影响。

7. 跨文化教学和国际化经验

随着全球化的加深，跨文化教学和国际化经验对于培养具有全球视野的人才变得越来越重要。未来的研究可以关注如何通过虚拟交流、跨文化合作项目等方式，为学生提供更广泛的跨文化体验，以增强其国际竞争力。

职业教育创新教学方法的研究是促进社会进步和培养具有实际工作能力的专业人才的关键。通过深入探讨现有教学方法的优势和不足，以及未来可能的创新方向，可以为职业教育的不断发展和适应社会需求提供更为有力的支持。未来的研究应注重教师培训、技术整合、评估体系建设、社交学习、可持续发展和社会责任等方面，以构建更具包容性和可持续性的职业教育体系。通过这些努力，我们有望培养出更具创新精神和全球竞争力的职业人才，为社会的可持续发展作出更为积极的贡献。

三、教育政策与体制改革的深入研究

教育是一个国家和社会发展的基石，教育政策与体制的合理设计和不断改革对于培养具有竞争力的人才、促进社会进步至关重要。在不断变化的社会和经济环境中，教育政策与体制改革必须不断地适应新的挑战和机遇。本书将深入研究教育政策与体制改革的现状、挑战，并提出未来的研究方向。

（一）现有教育政策与体制改革的概述

1. 分层次的教育政策

许多国家制定了分层次的教育政策，以适应不同层次、不同需求的学生。这包括基础教育、职业教育和高等教育等不同层次的政策。当前研究可关注不同层次政策的协同性和互动性，以提高整体教育体系的效能。

2. 信息技术与教育

信息技术对教育产生了深远的影响，许多国家致力于整合先进技术，提升教学效果。研究方向包括如何有效整合信息技术，促进在线学习，以及信息技术对学生学习方式和师资培训的影响。

3. 素质教育和综合素养培养

素质教育强调培养学生的全面素养，包括学科知识、实际操作能力、创新能力、团队协作等。当前研究可关注素质教育的实施情况、评价方法和对学生综合素养的影响。

4. 高等教育改革

高等教育体制改革是许多国家教育改革的重要组成部分。研究可关注高等教育的质量保障体系、创新能力培养机制、产学合作模式等方面，以适应现代社会对高等教育人才的需求。

（二）教育政策与体制改革面临的挑战

1. 社会变革和经济发展的压力

社会和经济的迅速变革对教育提出了更高的要求。教育体制往往滞后于社会的发展，难以适应新的经济形势和产业结构的变化。研究可关注如何建立灵活、适应性强的教育体制，以更好地应对社会变革的压力。

2. 信息化时代的挑战

信息化时代给教育体制带来了新的挑战，包括信息安全、在线教育的质量控制、教育资源的平等分配等问题。研究可聚焦于信息技术如何更好地服务于教育，同时解决相关的难题。

3. 社会不平等和教育公平

社会不平等问题在教育领域表现得尤为明显。一些群体面临着受教育机会的不平等，这影响了社会的整体公平。研究可关注教育体制如何更好地实现公平，缩小不同群体之间的教育差距。

4. 全球化对教育的冲击

全球化使得各国教育面临更加复杂的国际竞争和合作关系。研究可关注全球化对本国教育体制的影响，以及如何通过国际交流和合作提升教育水平。

参考文献

［1］ 尹洪斌. 职业教育教学研究［M］. 开封：河南大学出版社，2018.

［2］ 姜义林，祝木田. 职业教育专业教学资源库研究［M］. 天津：天津科学技术出版社，2018.

［3］ 柴蓓蓓. 信息时代下高等职业教育发展［M］. 长春：吉林出版集团股份有限公司，2020.

［4］ 许曙青，汪蕾. 职业院校安全应急教育与专业创新发展的理论与实践［M］. 南京：东南大学出版社，2022.

［5］ 周建松，盛健. 高等职业教育教学创新与实践成效［M］. 杭州：浙江工商大学出版社，2015.

［6］ 方敏. 教育创新［M］. 北京：首都师范大学出版社，2019.

［7］ 孟凡飞. 高职教育与外语教学问题研究［M］. 长春：吉林科学技术出版社，2020.

［8］ 唐林伟. 技术知识论视域下的职业教育有效教学研究［M］. 杭州：浙江大学出版社，2017.

［9］ 史耀忠. 职业素养教育的探索与实践［M］. 北京：北京理工大学出版社，2018.

［10］ 刘晓欢. 职业教育质量研究专论［M］. 天津：天津大学出版社，2013.

［11］ 刘建林，朱晓渭. 陕西高等职业教育改革创新实践研究［M］. 北京：北京理工大学出版社，2020.

［12］ 闫智勇，吴全全. 现代职业教育体系建设目标研究［M］. 重庆：重庆大学出版社，2017.

[13] 余永德. 中国教育研究文集［M］. 芜湖：安徽师范大学出版社，
  2018.

[14] 刘鹏. 高校声乐教学的创新途径与发展趋势研究［M］. 长春：吉林
  人民出版社，2019.

[15] 米靖. 中国职业教育史研究［M］. 上海：上海教育出版社，2009.

[16] 张鹏顺. 区域创新与职业创新研究［M］. 合肥：合肥工业大学出版
  社，2012.

[17] 崔景贵，夏东民. 江苏现代职业教育体系研究［M］. 北京：知识产
  权出版社，2015.